Topos-Taschenbücher
Band 126

Willi Hoffsümmer

Firmgeschichten

Hinführung zur Firmung für Jugendliche und Gruppenleiter

Topos-Taschenbücher

Zeichnungen von Karl Heinz Hamacher und Andreas Wittig (S. 73)

CIP-Kurztitelaufnahme der Deutschen Bibliothek

Hoffsümmer, Willi
Firmgeschichten : Hinführung zur Firmung für
Jugendl. u. Gruppenleiter / Willi Hoffsümmer. –
1. Aufl. – Mainz : Matthias-Grünewald-Verlag, 1983.
(Topos-Taschenbücher; Bd. 126)
ISBN 3-7867-1042-2
NE: GT

 1. Auflage 1983
Reihengestaltung: Eschert & Bänder
Umschlag: Pfingstbild, Evangelistar aus St. Peter, 1. Hälfte des
13. Jahrhunderts, Elsaß, Badische Landesbibliothek, Karlsruhe
Satz: Georg Aug. Walter's Druckerei GmbH, 6228 Eltville am Rhein
Druck und Bindung: Clausen & Bosse, Leck
Imprimatur: Coloniae, die 11 novembris 1982
Jr.-Nr. 102059182 + Hubert Luthe, vic. eplis.

Inhalt

Liebe Jugendliche! Lieber Jugendlicher!

Vor Jahren ließen Dich Deine Eltern taufen. Das war der Start, zu dem Du noch nicht viel sagen konntest. Jetzt entfaltet sich Dein Wille immer mehr, und Du kannst „ja“ sagen, Deinen Lebensweg als einen Weg des Glaubens bis ins Ziel zu gehen. Firmung (= Dich im Glauben kräftiger machen) ist *Dein* „Ja“ zur Taufe. Firmung ist ein Sakrament, das Dich zur Entscheidung aufruft: Gottes Geist soll so in Dir wirken, daß er Dir Mut macht, auch in der Schule und am Arbeitsplatz zum Glauben zu stehen.

Die Erwachsenen aus der Gemeinde, die Dich in einer Gruppe mit anderen Jugendlichen begleiten, sind wie Du und ich auf diesem Weg des Glaubens. Sie beabsichtigen nicht, Dich mit allerlei frommem Wissen vollzustopfen; sie bemühen sich vielmehr, das Gruppenleben und die Begegnung mit den anderen lebendig zu gestalten; Dich mehr in die Gemeinde einzuführen.

Betrachte die Firmung nicht als „Schluckimpfung“, die plötzlich „von oben“ alles klar macht. Auch nicht als fromme Verzierung, die „man halt mitnimmt“; denn wirklicher Glaube findet nicht nur sonntags in der Kirche statt, sondern durchzieht alle Lebensbereiche. Ich wünsche Dir, daß Du Dich für diese Auseinandersetzung öffnen kannst. Es ist nämlich entscheidend, sich guten Willens auf den Weg zu machen. Wenn Du es wagst, wirst Du auf einmal spüren, wie etwas in Dir wächst ... Übrigens: Du brauchst Dich erst unmittelbar vor der Firmung zu entscheiden, ob Du gefirmt werden willst.
Sei herzlich gegrüßt!

Dein Pfarrer

Dieser Brief kann auch als Informationsschreiben zur Anmeldung verschickt werden; nur muß er dann konkrete Daten enthalten.

Ein einziger Mensch, der sich für Gottes Geist öffnet, ist stärker als 99 Gleichgültige.

Lieber Firmgruppenhelfer!

Zuerst herzlichen Dank, daß Sie sich trotz Ihrer knapp bemessenen Zeit zur Verfügung stellen, um das Leben der Gemeinde mitzutragen. Am besten suchen Sie sich noch einen Erwachsenen und einen älteren Jugendlichen, der vor kurzem das Sakrament der Firmung empfangen hat; das erleichtert die Gruppenarbeit. (Sie können ja auch einmal krank werden.)
Es ist schon sehr wichtig, daß Jugendliche Ihre Bereitschaft erfahren, über Ihre familiären und beruflichen Verpflichtungen hinaus eine Gruppe zu betreuen oder zu einem „außerplanmäßigen“ Waffelnbacken Ihre Wohnung zur Verfügung zu stellen. Entscheidend ist ja nicht, Wissen zu vermitteln, sondern erfahren zu lassen: Da engagiert sich einer für seinen Glauben – manchmal so beg*eist*ert.
Als Cyrill von Alexandrien († 444 n. Chr.) gefragt wurde: „Was macht du, um einen Menschen zum Christen zu machen?“, gab er zur Antwort: „Ich lasse ihn ein Jahr bei mir wohnen!“ Solch ein Experiment kann natürlich auch in einem Pfarrhaus schiefgehen. Aber ein Funke kann genügen, ein Feuer zu entzünden! Es ist heutzutage schon viel erreicht, wenn ein Jugendlicher am Ende des Firmunterrichts sagt: „Das war für mich zwar eine wertvolle Erfahrung, aber firmen lasse ich mich nicht.“ – Glauben können ist bei allem Bemühen letztlich ein Geschenk.
Ich wünsche Ihnen gute Erfahrungen in Ihrer Gruppe!

Ihr Pfarrer

Noch ein paar Hinweise:

- Drängen Sie darauf, sich regelmäßig mit den anderen Firmbegleitern *und* dem Pfarrer oder Kaplan oder Gemeindereferenten zu treffen, um sich über die Erfahrungen in den Gruppen auszutauschen, Fragen der Jugendlichen miteinander zu erörtern und das eigene Glaubenswissen aufzufrischen. Der Kurs fällt Ihnen leichter, wenn ein heißer Draht untereinander besteht.

- Versuchen Sie, den Firmbewerbern immer wohlgesonnen gegenüberzustehen. Sehen Sie in noch so andersartigen Vorstellungen vom Glauben keine Bedrohung. Sie können dann Ihre persönlichen Glaubenserfahrungen und Einstellungen dagegensetzen, ohne aufdringlich zu wirken. Lassen Sie spüren: Wir beide machen einen Lernprozeß durch. Geben Sie eigene Probleme im Glauben zu.
- Fügen Sie am Ende der Gruppenstunde ruhig noch ein Spiel an, das allen Freude macht. – Da fast jede zweite Stunde einen Treff mit anderen Firmgruppen beabsichtigt, legen Sie die Gruppenstunden aller Gruppen am besten auf einen bestimmten Wochentag.
- Hausbesuche bei den Familien können die Gruppe fördern.
- Gute Erfahrungen wurden auch damit gemacht, die Firmstunden reihum bei den Mitgliedern der Gruppe zu halten.
- Betrachten Sie die Anregungen dieses Bändchens als Hilfsmaterial. Sollten Jugendliche ihre eigenen oder andere Fragen und Probleme zur Sprache bringen, ist es viel wichtiger, darauf einzugehen.
- Kürzen oder erweitern Sie die Stundenvorschläge – vielleicht auch in Absprache mit anderen Leitern.
- Ob Sie dieses Bändchen dem Firmling vor oder nach der Firmung (als Andenken) oder während der Vorbereitung in die Hand geben, müssen Sie selbst entscheiden.
- Hinweise zu Geschenken an den Firmling siehe S. 123, zum Elternabend siehe S. 118.

Liebe Eltern und Paten!

Für den Fall, daß Ihnen dieses Bändchen „zufällig" in die Hand kommt, Ihnen ein herzlicher Gruß!
Damals entschieden Sie sich, liebe Eltern, für die Taufe Ihres Kindes. Sie bestimmten auch weitgehend, ob es mit zur ersten hl. Kommunion ging. Jetzt soll Ihr Kind *selbst* entscheiden, ob es zu diesem Weg „ja" sagen kann. Lassen Sie ihm deshalb Freiheit in der Entscheidung und üben Sie keinen Zwang und

auch nicht zuviel Druck aus. Zeigen Sie sich vielmehr an den Unterrichtsstunden interessiert. Ihre *Haltung* zum Glauben (und nicht nur dazu) ist in diesem Alter sowieso entscheidender als alle Ihre Worte.
Eigentlich wäre es richtig, Sie mindestens genauso oft wie Ihr Kind zu Informationsabenden einzuladen. Denn: Sind Sie „firm" in Glaubensfragen? – Sie unterstützen unsere Arbeit aber schon nachdrücklich, wenn Sie sich den Elternabend, den Abschluß der Nachtwallfahrt und den Firmtag freihalten. Herzlichen Dank!

Lieber *Firm-Pate!* An Ihrem Leben sollte der kritische Jugendliche ablesen können, was das heißt: Aus dem Glauben leben – auch in der Öffentlichkeit. Eine schwere Aufgabe, die viel Rückgrat erfordert! Ich wünsche Ihnen die richtige Hand, dem Firmling Freund und Stütze zu sein. Kommen Sie doch schon während der Vorbereitung zu einzelnen Veranstaltungen oder zur Gruppenstunde!

Ihr Pfarrer

Der Firmkurs beginnt mit einer Jugendmesse, zu der die gesamte Gemeinde eingeladen wird. Thema: Wohin sollen wir gehen? (Ev.: Joh 6, 66ff). Zum Beginn der Predigt steht folgendes Spiel:
Ein Spieler mit verbundenen Augen versucht, über verschiedene Hindernisse hinweg (oder daran vorbei) zu einem bestimmten Ziel zu gelangen. Ein Mitspieler gibt ihm Orientierungshilfen (er sagt z. B.: „Jetzt mehr rechts", „jetzt über ein Bänkchen hinwegsteigen" ...). Andere Spieler dagegen geben absichtlich falsche Ratschläge. Der Spieler muß versuchen, nur auf die Stimme seines Helfers zu hören, da er sonst sein Ziel nicht erreicht.
In einem Körbchen liegen die Namen aller Firmlinge auf kleinen Zetteln. Am Ende der Jugendmesse können Gemeindemitglieder einen Zettel mitnehmen, wenn sie bereit sind, für den betreffenden Firmling eine Gebetsbrücke zu schlagen. So vertieft sich die Verantwortung der Gesamtgemeinde für die Firmlinge.

1. Wir lernen uns kennen und fragen nach dem Wohin

Mitbringen: Ein Wollknäuel oder Zeichenblätter und Stifte.

Wir lernen uns kennen

1. Möglichkeit
Nachdem sich die Gruppenleiter dem Kreis vorgestellt haben, wirft ein Firmkatechet einem Gruppenmitglied ein Wollknäuel zu, wobei er das Ende des Fadens in der Hand behält. Nur wer das Knäuel hat, darf reden. Dabei stellt er sich vor mit Namen, Straße, Klasse, Geschwister, Hobbys ... Er hält den Faden fest und wirft das Knäuel einem anderen zu. Es dürfen auch Zwischenfragen gestellt werden, wobei das Knäuel zuerst zugeworfen werden muß (Faden festhalten!). Schließlich entsteht ein sichtbares Netz des Gespräches; ein Netz, das auch schon auf Gemeinschaft gedeutet werden kann, z. B.: Was geschieht, wenn einer die Fäden losläßt, d. h. der Gruppe den Rücken kehrt?

2. Möglichkeit
Zeichenblätter und Stifte werden verteilt. Jeder sucht sich den aus der Gruppe, den er noch wenig kennt. Beide setzen sich gegenüber und fertigen ein Gesichtsportrait voneinander an. Dabei interviewen sie sich gegenseitig. Zurückgekehrt in den Kreis, stellt jeder den anderen vor.
3. Möglichkeit
Jeder schreibt seine Wünsche und Erwartungen auf Kärtchen. Pro Karte aber nur je *einen* Wunsch. Dann werden die Kärtchen sortiert und Oberbegriffen zugeordnet. Wahrscheinlich wird ein großes Stück Übereinstimmung sichtbar. Diese Wünsche dürfen ein Leitfaden im Kursus werden.
Das Einander-Kennenlernen soll ruhig länger dauern. Wie soll ein intimeres Gespräch über den Glauben möglich werden, wenn die Teilnehmer sich fremd bleiben?

Wir fragen nach dem Wohin

1. Möglichkeit
Sich heutzutage firmen zu lassen, erfordert Mut. Denn wenn du manchen Schulkameraden sagst: „Ich bereite mich auf die Firmung vor", können dich müdes Achselzucken oder hänselnde Bemerkungen ärgern. Dazu eine Geschichte:

Ist die Firmung noch „in"?

Frank stellt seinen Schultornister behutsam in die Dielen-Nische.
Und ich weiß: Frank hat was. Wenn er ihn nicht mit einem Schwung von der Haustür aus in die Ecke schleudert, hat er was auf der Seele. Dieses nachdenkliche Absetzen seines Tornisters kommt selten vor. Vielleicht ein- oder zweimal im Jahr. Aber dann sind's keine Wehwehchen. Dann drücken ihn Lasten.

„Was war in der Schule?“ frage ich meinen Bruder Frank.
„Ja, es war was“, sagt Frank.
„Arbeit danebengeschrieben?“ taste ich vor.

Im Leben gibt es viele Wege:
Heim-wege, Irr-wege, Schleich-wege.
In der Firmung kannst du die Weichen
entscheidend stellen.

„Latein zwei plus“, sagt Frank fast knurrend. Ich bin also auf einer falschen Fährte. „Klassenfreunde?“ frage ich.
„Schöne Klassenfreunde!“ sagt Frank.
„Hat dich einer – angegriffen?“
„Ach, Schwesterchen“, sagt Frank und macht eine Gebärde, die Hoffnungslosigkeit andeuten soll. Hoffnungslosigkeit darüber, daß ich, seine um drei Jahre ältere Schwester, jemals begreife, was in seiner Klasse richtig los ist.
„Angegriffen, wo denkst du hin, Schwesterchen. In unserer Klasse rafft sich kaum noch einer auf. Auch zu einem Angriff nicht. In unserer Klasse gibt man nur müde Kommentare. Da sagt man nur gähnend ‚Spitze‘, wenn einem etwas gefällt, und da sagt man ‚Das trägt man nicht mehr‘, wenn man was dagegen hat.“
„Merkwürdige Klasse. Seid ihr schon seit zehn Jahren im Rentenalter?“
„Warum?“
„Ihr wirkt so müde.“
„Müde?“ Frank will protestieren. Dann zuckt er mit den Schultern und sagt: „Doch, ja, müde! Das ist das richtige Wort. Ich jedenfalls fühl mich müde. Wenn man um eine Hoffnung ärmer ist, kann man schon müde werden. Mit einem Schlag müde!“
„Was war das denn für ein Schlag?“
„Gaby und Siggi wollen nicht kommen.“
„Wohin wollen sie nicht kommen?“
„Zu meiner Firmung.“
„Und warum nicht?“
„Aber Frankiboy, das trägt man doch nicht mehr, Firmung, haben sie gesagt.“
Frank setzt sich auf den Treppenabsatz. Er setzt sich so darauf, daß neben ihm noch Platz bleibt. Für mich.

Immer, wenn Frank sich so hinsetzt, ist das wie eine Aufforderung an mich: „Also, Schwesterchen, nun sag du mal was dazu." Zwar ist Frank zu stolz, das laut zu sagen. Aber er macht es mir durch sein Hinsetzen und durch seinen fragenden Blick deutlich.
Und wenn ich mich in solchen Augenblicken zu Frank auf den Treppenabsatz hocke, darf ich kein Blabla reden. Dann muß ich etwas sagen, was Hand und Fuß hat.

(Josef Reding)

Hier wird die Geschichte abgebrochen. Die Teilnehmer suchen eine Antwort zu den Themen: Ist das bei euch in der Klasse ähnlich ...? Was hat dir den Anstoß gegeben, hier mitzumachen? Was will denn die Firmung überhaupt? (Siehe S. 9, „Lieber Jugendlicher ...")

2. Möglichkeit
Das Gespräch nach dem „Wohin?" wird breiter angelegt: So viele preisen uns heute Lösungen und Wege an, versprechen Glück und Zufriedenheit – und wir dürfen zahlen. Manchmal geschieht auch Schlimmeres. Dazu eine Fabel:

Fabel vom Seepferdchen

Es war einmal ein Seepferdchen, das eines Tages seine sieben Taler nahm und in die Ferne galoppierte, sein Glück zu suchen. Es war noch nicht weit gekommen, da traf es einen Aal, der zu ihm sagte:
„Psst. Hallo, Kumpel. Wo willst du hin?"
„Ich bin unterwegs, mein Glück zu suchen", antwortete das Seepferdchen stolz. „Da hast du's ja gut getroffen", sagte der Aal, „für vier Taler kannst du diese schnelle Flosse haben, damit kannst du viel schneller vorwärtskommen."

„Ei, das ist ja prima“, sagte das Seepferdchen, bezahlte, zog die Flosse an und glitt mit doppelter Geschwindigkeit von dannen.
Bald kam es zu einem Schwamm, der es ansprach:
„Psst. Hallo, Kumpel. Wo willst du hin?“
„Ich bin unterwegs, mein Glück zu suchen“, antwortete das Seepferdchen.
„Da hast du's ja gut getroffen“, sagte der Schwamm, „für ein kleines Trinkgeld überlasse ich dir dieses Boot mit Düsenantrieb; damit könntest du viel schneller reisen.“
Da kaufte das Seepferdchen das Boot mit seinem letzten Geld und sauste mit fünffacher Geschwindigkeit durch das Meer.
Bald traf es auf einen Haifisch, der zu ihm sagte:
„Psst. Hallo, Kumpel. Wo willst du hin?“
„Ich bin unterwegs, mein Glück zu suchen“, antwortete das Seepferdchen.
„Da hast du's ja gut getroffen. Wenn du diese kleine Abkürzung machen willst“, sagte der Haifisch und zeigte auf seinen geöffneten Rachen, „sparst du eine Menge Zeit.“
„Ei, vielen Dank“, sagte das Seepferdchen, sauste in das Innere des Haifisches und wurde dort verschlungen.

(Robert F. Mager)

Wir führen ein Gespräch über die Fragen „Wozu leben wir? Was weißt du über die Ziele und Gefahren der Jugendsekten?“, wobei auch nach einiger Zeit vorsichtig gefragt werden darf, ob unser Glaube, ob die Kirche, ob die Firmung bei dem Versuch einer Antwort helfen können.

3. Möglichkeit

Es kann auch der Film „Der Feigling“ (18 Min.) gezeigt werden (in Landesbildstellen erhältlich): Ein Junge hat Angst, mit einem am Drahtseil gesicherten Fallschirm abzuspringen, stellt sich aber mutig älteren Jugendlichen entgegen, die die Fahrräder seiner Freunde stehlen wollen. – Es wird ein Gespräch über „Mut haben“ versucht. Wo wurdest du schon ausgelacht? (Niemand ist *immer* ein Feigling.)

Zum nächsten Treff alte Illustrierte oder Tageszeitungen mitbringen.

2. Geist und Ungeist in der Welt

Wir stellen eine Collage her. Dazu brauchen wir: Illustrierte, Scheren, Klebzeug, Tapete, Stifte. Eventuell hängen die fertigen Collagen eine Zeitlang im Eingang der Kirche aus.

In unserer Welt gibt es Gutes und Schlechtes, Geist und Ungeist. Jede „Tagesschau" oder „Heute", jede Tageszeitung berichten davon. Schneidet entsprechende Bilder aus: Hilfe bei Katastrophen; Dienst an kranken, alten, behinderten Menschen; Solidarisierungsaktionen (= guter Geist). Gewaltakte, Betrug, Folterung, Ausbeutung, Rufmord (= böser Geist). Dann ordnet ihr die Bilder, klebt sie auf und setzt mit den Filzschreibern ergänzende Wörter dazu.
Die fertigen Collagen werden im Gespräch kurz ausgewertet.
Der gute Geist macht lebendig – der Ungeist zerstört. So heißt es in der Heiligen Schrift: „Die Frucht des Geistes ist Liebe, Freude, Friede, Langmut, Freundlichkeit, Güte, Treue, Sanftmut und Selbstbeherrschung" (Gal 5,22f). „Die Werke des Fleisches sind: Unzucht, Unsittlichkeit, ausschweifendes Leben, Götzendienst, Zauberei, Feindschaften, Streit, Eifersucht, Jähzorn, Eigennutz, Spaltungen, Parteiungen, Neid und Mißgunst, Trink- und Eßgelage und ähnliches mehr" (Gal 5,19-21).
Eine Geschichte, in der Geist und Ungeist aufeinandertreffen:

Die Bombe

Istanbul. Sie hatten ihm gedroht, als er den „Schutzzoll" für das Lokal verweigert hatte. Ihnen paßte nicht, daß der junge ehemalige Gastarbeiter das Lokal hochgearbeitet hatte. Und daß er Christ geworden war. Sie hatten ihm gedroht. Mehmet nahm das ernst, aber nicht so ernst, daß er Angst vor ihnen hatte ...

Die ersten Gäste kamen. Mehmet ging in sein Lokal, nahm Bestellungen auf, eilte zwischen Theke und Küche fleißig hin und her. Eine Stunde später war kein Platz mehr frei, genauso, wie Mehmet es vorausgewußt hatte. Mitten in das laute und gesprächige Treiben im Lokal flog plötzlich das Ding zwischen die Tische der Gäste. Mehmet war geistesgegenwärtig genug, das Ding aufzuheben und zu erkennen, daß es eine Bombe sein mußte. Im Bruchteil einer Sekunde sprang er zu, trug die Bombe in beiden Händen und hetzte nach draußen, um sie loszuwerden, wegzuschleudern, unschädlich zu machen, die Gäste vor Schaden zu bewahren.

Er erreichte die Tür, wollte die Bombe von sich werfen, erkannte den Bettler auf der anderen Straßenseite, der dort saß und den Hut auf die Straße gestellt hatte. Mehmet blickte nach rechts, sah die Gruppe der Kinder auf sich zukommen, wollte die Bombe nach links werfen ... Da stiegen neuangekommene Menschen aus dem geparkten Bus. Mehmet erkannte blitzartig die Ausweglosigkeit der Lage, wollte um jeden Preis Menschen schonen, um jeden Preis. Auch um den Preis der Selbstpreisgabe. Er krümmte sich über der Bombe zusammen, deckte sie voll mit seinem Körper zu, lag vor der Tür auf der Straße und sah die Szene wie eine Blitzlichtaufnahme. Dann zerriß ihn die Explosion...

Achtung. Auch wenn Mehmet hier „zufällig" Christ ist: Der Geist Gottes wirkt über die Kirchen hinaus. Vgl. dazu Apg 10, 44–48: Die Gabe des Heiligen Geistes wird auch auf die ausgegossen, die noch nicht getauft sind!

Nach einem kurzen Gespräch über Geist und Ungeist in dieser Geschichte wird zu einem *Rollenspiel* aufgefordert: Spielt Situationen aus Schule, Zuhause oder Alltag, wie einer vom Ungeist beherrscht wird, oder: Was euch bedrückt. Umgekehrt kann auch gespielt werden: Was hilft euch? Wo herrscht ein Geist, der befreit und aufrichtet?

Oder es schließt sich gleich ein Gespräch an: Wonach sehnen wir uns? (Kurzes „brain-storming“ zu Beginn) Die heutige Friedensbewegung ist ein unübersehbares Zeichen …

Lied: „Wie viele Straßen auf dieser Welt …“

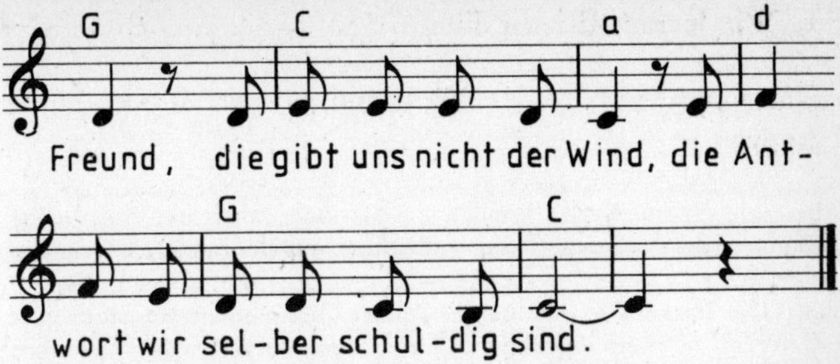

2. Wie viele Menschen sind heut noch nicht frei
und würden so gerne es sein?
Wie viele Kinder gehn abends zur Ruh
und schlafen vor Hunger nicht ein?
Wie viele Tränen erflehen bei Nacht:
Wann wird es für uns anders sein? –

3. Wie viele Berge von Geld gibt man aus
für Bomben, Raketen und Tod?
Wie große Worte macht heut mancher Mann
und lindert damit keine Not?
Wie großes Unheil muß erst noch geschehn,
damit sich die Menschheit besinnt? –

Originaltitel: „Die Antwort weiß ganz allein der Wind"
Text und Melodie: Bob Dylan; dt. Übersetzung: H. Bradtke (Refrain geändert).

3. Wir lernen für die Firmung

Eine Fußgängerrallye als Wettkampf mit den anderen Firmgruppen

Bei schlechtem Wetter können die Stationen auch in verschiedene Räume gelegt werden. – Sich unbedingt mit den anderen Gruppen absprechen: Uhrzeit, welcher Erwachsene übernimmt welche Station etc. Die Station Nr. 3 sollte der Pfarrer übernehmen. So hat er gute Gelegenheit, seine Firmlinge näher kennenzulernen (also mindestens drei Wochen vorher diesen Termin absprechen). Die Stationen sind in etwa auf einem „Rundweg" anzulegen, so daß je zwei Gruppen in Abständen von fünf Minuten in beide Richtungen (im und gegen den Uhrzeigersinn) starten können. Die einzelnen Firmgruppen sollten zusammenbleiben: Der Wettkampf fördert die Kontakte untereinander.

1. Station

Jedes der sieben Sakramente hat ein Symbol. Ordne richtig zu (Anhang A1)!

Auf dem Laufzettel der Gruppe die Ergebnisse notieren. Das gilt für jede Station.

2. Station

„Gemeinsam seid ihr stärker": Auf dem Boden ist mit Kreide oder aus einem Seil ein enger Kreis zu sehen, in den die Gruppe gerade hineinpaßt. Auf Kommando wird gegeneinander gekämpft. Wer zuerst mit beiden Füßen außerhalb des Kreises ist, scheidet aus. Das kann mehrere Male wiederholt werden, bis der Stärkste sich herauskristallisiert. Dann kann gesagt werden: „Ihr *alle* seid schwächer als N. N.? Versucht es noch einmal!" (Gegen das *gemeinsame* Tun der Gruppe kommt auch der Stärkste nicht an!)
Der „Stationsleiter" versucht ein kurzes Gespräch: „Was kann diese Erfahrung in der Schule ..., im Glauben bedeuten?"

An dieser Station wird auf dem Laufzettel der Gruppe keine Wertung eingetragen. Es kann sich aber ein Staffellauf auf Zeit, ein Zielwerfen mit Steinen etc. anschließen.

3. Station
Nach der Begrüßung durch Handschlag stellt der Pfarrer (Kaplan ...) die Aufgabe: „Bestimmt die Himmelsrichtung ‚Süden'!"
(Lösung: Den kleinen Zeiger der Armbanduhr auf die Sonne richten; die Mitte zwischen Zwölf und dem Stand des kleinen Zeigers ergibt die Richtung Süden.)

Bei bedecktem Wetter die Aufgabe: „Schätzt, wieviel Meter ihr jetzt vom Kreuz entfernt steht!"
Dann sagt der Pfarrer: „Ich zeige euch jetzt noch eine andere Himmelsrichtung!" Er geht zu einem Kreuz, das aus zwei dicken Ästen oder Hölzern mit Kordel oder Draht gebunden ist. (In der Kordel stecken ein paar Blumen.) Wenn alle im Halbkreis versammelt sind, liest er folgende Geschichte:

Der Schatten

Ein Mann wollte seinen Schatten loswerden, aber, was er auch anstellte, es gelang ihm nicht: Er wälzte sich auf dem Boden, sprang ins Wasser, versuchte, über den Schatten wegzuspringen. Alles vergeblich.
Ein weiser Mann, der diese Geschichte hörte, meinte dazu: „Das wäre doch ganz einfach gewesen, den Schatten loszuwerden!" „Wieso einfach?" fragten die Umstehenden neugierig, „was hätte er denn machen sollen?" Und der weise Mann gab zur Antwort: „Er hätte sich nur in den Schatten eines Baumes zu stellen brauchen."

Er fährt fort: Die Himmelsrichtung, die ich euch zeigen wollte: Egal, welche Schuld du einmal im Leben auf dich lädst – Schuld, das ist der „Schatten" in der Geschichte –, du kannst dich immer in den Schatten des Kreuzes Jesu stellen.

4. Station

Firmung heißt: Unsere Antenne richtig ausrichten! Ein tragbares Fernsehgerät mit Antenne zeigt das Programm (Verlängerungsschnur nicht vergessen). Der „Stationsleiter“ zeigt: Je nach Ausrichtung der Antenne wird die Sendung klar oder verschwommen gesehen, ist der Ton deutlich oder mit starken Geräuschen durchsetzt. Also: Die Antenne muß auf Empfang stehen, sollen die *unsichtbaren* Strahlen und Wellen sichtbar und vernehmbar werden. Was kann das für die Firmung heißen? (Unsere Antenne auf die Gesinnung und den Geist Jesu ausrichten! – Grenze dieses Vergleiches: Wie weit geht Gott *uns* nach?)

Auch hier kann sich noch ein Wettkampf anschließen: Genauigkeitswerfen mit Disco-Scheibe etc.

5. Station

Suche aus den 15 Geboten die Zehn Gebote heraus (Anhang A2)!

6. Station

Jede Gruppe erhält etwa 100 – 200 Streichhölzer. Sie sollen damit religiöse Symbole in die Erde stecken, und zwar so eng aneinandergereiht, daß von *einem* entzündeten Streichholz das Feuer auf alle Streichhölzer nach und nach übergreifen kann. Die verschiedenen Symbole (Anhang A3) werden der Gruppe gezeigt und erklärt. Bewertet wird die Schnelligkeit bei der Lösung der Aufgabe, die Schönheit der gesteckten Symbole und ob das Feuer auch auf alle Streichhölzer übergreifen konnte (gleichmäßiger Abstand!).

Nach dem Abbrennen der Symbole kann darüber gesprochen werden: Jeder (= jedes Streichholz) ist wichtig, wenn das Feuer weitergegeben werden soll. Wenn der andere entzündet werden soll, muß ganz nahe herangegangen werden ... Was hat „Feuer fangen“, „entzünden“ mit Pfingsten und Firmung zu tun?

7. Station: Quizfragen, z. B.:

1. Wie heißen die letzten drei Päpste? Johannes XXIII., Johannes Paul I. und II. *oder* Paul VI., Johannes Paul I. und II.?
2. Wieviele Päpste gab es bisher in der Geschichte der Kirche? 57, 135 oder 265?
3. Wie heißt der Bischof, der euch firmen wird?
4. Nenne zwei Personen, die im sogenannten „Pfarrgemeinderat" (= Gremium, das dem Pfarrer in der Seelsorge und dem Leben der Pfarre hilft und ihn berät) arbeiten!
5. Welche Aufgaben hat der sogenannte „Kirchenvorstand"? (Er entscheidet in allen finanziellen Fragen nach Mehrheit.)
6. Wie hoch ist unser Kirchturm? ..., ... oder ...m?
7. Was ist eine Fronleichnamsprozession? (Der Leib Christi wird in der Monstranz durch die Straßen getragen.)
8. Es gibt besondere Feste in der Kirche. Heißt die richtige Reihenfolge im Kirchenjahr: Weihnachten, Erscheinung des Herrn (= Dreikönigsfest), Pfingsten und Ostern *oder* Weihnachten, Ostern, Pfingsten, Erscheinung des Herrn *oder* Weihnachten, Erscheinung des Herrn, Ostern, Pfingsten?

Zwischenstationen: Es kann auch irgendwo auf diesem Rundkurs ein Junge oder Mädchen mit einem Fahrrad hocken, das einen deutlich sichtbaren Defekt hat. Wie verhält sich die Gruppe?
Oder: Jeder bekommt bei einer Station eine Apfelsine oder einen Kaugummi oder ein Bonbon, das in ein Papier eingehüllt ist, zum Verzehr. – Es wird vorerst geheim bewertet, was die Gruppe mit der Schale oder dem Papier anfängt. (Umweltverhalten!)
Für die Siegergruppe (jeder?) eignet sich als Hauptpreis ein Pfingstabzeichen oder -anhängsel des Künstlers Egino Weinert:
Münze Nr. HG 1/PL (zur Zeit DM 7,50 bei Mengenbezug)
Münze Nr. HG 2/PL (zur Zeit DM 5,50 bei Mengenbezug)
Pfingsten (zur Zeit DM 9,50 bei Mengenbezug)
zu bestellen bei: Ursula-Werkstätten, Egino Weinert, 5000 Köln 1, Telefon 0221/135469

Das Missio-Firmkreuz von Egino Weinert (9 cm; 6 DM) ist zu beziehen über Missio, Hermannstr. 14, 5100 Aachen.

Was Jesus für mich ist?
Einer, der für mich ist.
Was ich von Jesus halte?
Daß er mich hält! *(Lothar Zenetti)*

4. Wes Geistes Kind war Jesus?

Für jeden liegt ein Neues Testament bereit (noch versteckt).

Wir knüpfen wieder an die zweite Stunde an (Geist und Ungeist in unserer Welt).

Möglichkeiten des Einstiegs

1. Ein Gegenstand wird einem Gruppenmitglied zugeworfen. Solange es ihn hat, soll es frei erzählen, was ihm aus dem Leben Jesu einfällt. Der Gegenstand kann einige Male hin- und hergehen.
2. Was hältst du von folgendem

Steckbrief

Gesucht wird:
Jesus Christus,
berüchtigter Führer einer Untergrundbefreiungsbewegung.
Er hat sich folgender Vergehen schuldig gemacht:
Er legt sich mit Geschäftsleuten im Tempel an,
behauptet, der Sohn Gottes zu sein,
er verkehrt mit bekannten Kriminellen, Radikalen und Leuten von der Straße.
Äußere Erscheinung:
Typischer Hippie – langes Haar, Bart, Sandalen.
Er treibt sich gern in Slums herum, hat einige reiche Freunde und verkriecht sich oft in der Wüste.
Achtung:
Dieser Mann ist extrem gefährlich.
Auf seine zündende Botschaft fallen immer noch welche rein!
Warnung:
Er läuft immer noch frei herum!

3. Drei Metaphern bilden: Jesus ist für mich wie ... Die Vergleiche können auch gezeichnet werden.
4. Kreuze in der folgenden Tabelle an, was nach deiner Meinung zutrifft (Anhang A4)!
5. Auf einem Zettel kann jeder Teilnehmer notieren: Ich finde gut, daß Jesus ...
   Ich verstehe bei Jesus nicht, daß ...

Wir wollen Jesus genauer kennenlernen. (Jeder erhält ein Neues Testament.) Nach einer kurzen Einführung in das richtige Aufschlagen der Bibel werden folgende Stellen herausgesucht, vorgelesen (reihum liest jeder einen Vers) und kurz besprochen:

- Was Jesus von sich selbst hält: Lk 4,16–30 (Der Geist des Herrn ruht auf mir).
- Jesus will dienen: Joh 13, 1–15 (Jesus wäscht den Jüngern die Füße).
- Der Ruf Jesu: Joh 7,37–39 (Wer durstig ist, komme zu mir).
- Woher Jesus seine Kraft nimmt: Mt 3,13–17 (Das ist mein geliebter Sohn).

(Weitere mögliche Stellen: Jesus beruft den Zöllner Mattäus: Mt 9, 9–12; Jesus und die Sünder: Lk 15, 1–7; Jesus und die Ehebrecherin: Joh 8,1–11)
Die folgende Geschichte kann die Stunde abrunden:

Er veränderte mein Leben

Ich habe sieben Geschwister. Weil mein Vater trinkt, sind die sozialen Verhältnisse zu Hause nicht gerade die besten. Die Probleme waren so groß, daß ich meinen Lehrvertrag nicht einhalten konnte. Ich fing an zu gammeln. Anfangs war ich oft betrunken, später rauchte ich shit und nahm trips. Damit wollte ich alle Probleme überspielen. Viermal wurde ich wegen Ruhestörung, Lärm, Rauschgifthandel und Hausfriedensbruch verhaf-

tet. In Düsseldorf saß ich sechs Wochen im Gefängnis. Wieder in Berlin versuchte ich das Beste aus meinem Leben zu machen. Ich fing an, in einer kirchlichen Jugendgruppe zu arbeiten, trotzdem war ich unglücklich. Überall hing mir meine Vergangenheit an: zu Hause war ich der Schwerverbrecher der Familie, in der Kirche wurde ich nicht für voll genommen. Obwohl ich eigentlich nicht wollte, fing ich wieder an, shit zu rauchen und gelegentlich trips zu werfen. Ich hatte einen Haß auf meine Freunde und Pfarrer, nirgendwo fand ich Liebe oder Verständnis, nur leere Worte. Ich war psychisch am Ende.
Ich nahm zehn trips auf einmal und lag drei Tage auf der Straße in der Gosse. Nun wollte mir niemand mehr helfen, auch nicht mal mit Worten. Man hatte mir gesagt, man soll dahin gehen, wo alles angefangen hat, so ging ich wieder nach Hause, weil dort die meisten Probleme herkamen. Ich wollte einfach beweisen, daß ich jemand anders war als der, für den ich gehalten wurde, doch bald wollte ich wieder alles hinwerfen. Hätte ich eine Pistole gehabt, hätte ich mich sicherlich erschossen, doch da traf ich einen Freund, der mir von Jesus erzählte.
Ich hielt ihn für einen Spinner; mit der Kirche und was dazu gehört hatte ich genug schlechte Erfahrungen gemacht. Trotzdem faszinierte mich Peter mit dem, was er erzählte, denn er war irgendwie anders geworden. Er nahm kein Rauschgift mehr, und sein ganzes Wesen strahlte mehr als bloßes Interesse aus. Ich ging mit ihm zu einem Gottesdienst am Nollendorfplatz und spürte zum erstenmal Liebe dort.
Ich erlebte Peter und über ihn Christus als Freund und Helfer aus meinen Problemen. Das veränderte mein ganzes Leben. Ich hörte auf zu rauchen, Drogen zu nehmen und Alkohol zu trinken. Nun erdrückten mich

meine familiären Sorgen nicht mehr, ich weiß, daß ich zu Hause gebraucht werde. Ich habe die Kraft, alles zu ertragen, und versuche meinen Eltern und Geschwistern die Liebe zu geben, die ich so lange vermißt habe, die Liebe, die Christus mir schenkt. *(Gerd*, 18 Jahre)

Kritische Anmerkung: Geht's im Leben immer so schnell „mit Christus"? Vergleiche die Geschichte von Dom Helder Camara, S. 45! Als Überleitung zum nächsten Treff kann der Film „Parabel" (22 Minuten; Diözesanfilmstelle) gezeigt werden. Ein Gespräch über „Nachfolge" sollte sich anschließen.

5. Wes Geistes Kinder sind wir?

Diesmal ist ein Fußballspiel (verkleinertes Spielfeld) und/oder Völkerballspiel gegen eine andere Firmgruppe geplant. Vor dem Spiel stellt sich jede Gruppe kreisförmig um die Gruppenleiter (ähnlich wie eine Eishockeymannschaft vor dem Spiel), um richtig motiviert zu werden: „Achtet in diesem Spiel auf den Mannschafts*geist,* den Kampf*geist* ...!"
Nach dem Spiel setzt sich die Gruppe noch einmal zusammen: Welcher „Geist" herrschte in unserer Mannschaft? Haben wir abgegeben, die Schwachen unterstützt oder niedergemeckert? Kam Be*geist*erung auf?

Wer die Welt verändern will, muß bei sich selbst anfangen.
Denn es ist besser, ein Licht anzuzünden,
als über die Dunkelheit zu schimpfen.

6. Die Jünger waren von Jesus begeistert

(Pfingstereignis/Geburtstag der Kirche)

Eventuell für jeden ein Neues Testament.

Hinführung: Wofür kannst du dich begeistern? (Mofa, Abendstimmung, schicke Kleider, Disco ...)
Du kennst die Begeisterung auf dem Fußballplatz oder bei einem Schlagerfestival. Sie ist kurzfristig. Sie dauert länger an bei einem begeisterten Angler, Bergsteiger, Briefmarkensammler oder Fotografen ... Oft ein Leben lang.
Im Neuen Testament ist von einer Begeisterung der Jünger Jesu die Rede, die über Generationen bis heute bei vielen Menschen andauert. Wir wollen den Bericht darüber einmal hören.
Jetzt kann der Bericht in Apg 2,1–41 und Apg 8,14–17 gelesen werden. Oder es wird ein erklärender Bericht darüber in verteilten Rollen vorgelesen (Anhang A5).

Auswertung

1. Möglichkeit
Dieser unsichtbare Geist Gottes ist also an seinen Wirkungen zu erkennen, z. B.: Wie sehr hat sich der ängstliche Petrus verändert! *Petrus fing Feuer.* Warum ist gerade Petrus der Nachfolger Jesu im Jüngerkreis geworden? Er war nicht der Tapferste, der Weiseste, der Gläubigste. Er war Tag und Nacht bei Jesus und suchte fortwährend. Aber er hat ihn doch nicht verstanden, ja, er verleugnete ihn sogar. Pfingsten erst hat ihn das Feuer des Glaubens gepackt: Ein verwandelter Petrus wurde zum beständigen Zeugen für Jesus: zum Fels.
2. Möglichkeit
Der Geist Gottes ist an seinen Wirkungen zu erkennen und wird mit Feuer und Sturm verglichen. Zählt die Wirkungen von Sturm und Feuer einmal auf (evtl. auf großen Blättern festhalten):

Ein Sturm reißt mit, belebt, schmettert morsche Bäume zu Boden, wirbelt durcheinander ...
Ein Feuer leuchtet, wärmt, glüht, reinigt von Schlacken, verbrennt ... Vieles davon können wir auch von Gottes Geist sagen:
Er bringt frischen *Wind* in die Kirche, verunsichert Festgefahrenes und Abgesichertes, reißt mit. Er kann anstecken, den Funken überspringen lassen, einen Feuer und Flamme sein lassen, „brennen“ lassen: ein Feuer, das mit Wasser nicht zu löschen ist.
Das Sprechen in allen Sprachen deutet auf Verständigung hin, auf die Gemeinschaft aller Völker.
Das Lied „Die Sache Jesu braucht Begeisterte“ steckt an mit seinem musikalischen Schwung. Besorgt euch Text und Noten!
Text: Alois Albrecht, Musik: Peter Janssens, LP Wir haben einen Traum, Peter Janssens Musik Verlag, Telgte

„Solange ich Gott nicht sehe, leugne ich seine Existenz“, tönte der junge Mann. „Und ich“, erwiderte der Priester, „leugne aus dem gleichen Grunde Ihren Verstand!“

Der Spötter Voltaire meinte vor rund 200 Jahren: „Ich bin es satt, immer zu hören, daß zwölf Männer genügten, um das Christentum zu begründen. Ich will zeigen, daß nur einer notwendig ist, um es zu vernichten.“ –
Voltaire übersah den Heiligen Geist!

Eine Geschichte von Streichhölzern, die gegen die Kälte in der Welt anbrennen wollen, es aber nur gemeinsam schaffen:

Es brennt

Es waren einmal Streichhölzer voller Tatendrang und Idealismus. „Es ist so kalt in der Welt“, sagten sie. „Die

Menschen brauchen uns. Was also stehen wir unnütz hier herum. Wir können anstecken, Licht machen, Wärme bringen. Warum zögern wir noch?"
„Au prima", riefen alle durcheinander, „fangen wir an!"
„Ich laufe nach drüben zur Grillparty!" rief das eine.
„Und ich gehe zu der jungen Familie."
„Ach ihr mit den großen Plänen!", warf ein anderes Streichholz dazwischen, „mir genügt es völlig, wenn ich dem Mädchen dort die Zigarette anstecke." Und so redeten sie alle noch recht lange. Dem Streichholz ohne große Absichten wurde das zuviel. Und so ging es zu dem Mädchen. Das Mädchen nahm es und zündete es an. Doch es beachtete nicht den heftigen Wind. Und so blies der Wind das Streichholz aus. „Verflixt!", murmelte das Mädchen und warf das Streichholz fort.
Das andere Streichholz lief zur Grillparty. Einer der Partygäste riß es an und hielt es an die Kohle. Aber die Kohle war feucht und wollte nicht brennen. Und weil er es zu spät wegwarf, verbrannte der Partygast sich die Finger.
Das dritte Streichholz lief zu der jungen Familie, um Wärme zu bringen. „He, Mann", rief die junge Frau, „wofür brauchen wir Streichhölzer? Wir haben doch eine Ölheizung!" Rief's und legte das Streichholz in die hintere Ecke des Küchenschrankes. „Wenn du mal Feuer brauchst, ich habe das Streichholz hinten in den Schrank gelegt!"
Die anderen Streichhölzer hatten die Bemühungen ihrer Freunde verfolgt. Dem ersten Streichholz gönnten sie wegen seiner „bescheidenen" Hochnäsigkeit, daß es der Wind ausgeblasen hatte.
Das Streichholz, das zur Grillparty gelaufen war, bedauerten sie ein wenig, obwohl einige meinten, daß auch ihm recht geschehen sei, denn was habe es bei diesen sturen

Knackern verloren. Vor allem aber sei es schön, daß der Kerl sich die Finger verbrannt habe.
Die Gleichgültigkeit der jungen Frau aber machte sie ärgerlich und betroffen. „Wir wollen Wärme bringen und können es nicht, weil man uns nicht will oder weil wir uns zu ungeschickt anstellen. Was sollen wir bloß machen?“ Und so redeten sie hin und her.
Bald hielten einige der Streichhölzer es nicht mehr aus. Etliche liefen zur Party, andere zu dem Mädchen. Aber immer noch war die Kohle zu feucht, blies der Wind zu heftig. Ein Streichholz nach dem anderen verlosch.
Bis einem der Streichhölzer eine Idee kam. Es trug sie den anderen vor. Die einen nickten zustimmend, andere schauten bedenklich. Einwände wurden laut, Gegenvorschläge gemacht, hin und her überlegt.
Und dann – dann setzten die Streichhölzer sich in Bewegung: Sie gingen alle zur Grillparty. Eines der Streichhölzer sagte: „Wenn wir alle auf einmal brennen, dann muß auch die Kohle Feuer fangen. Versuchen wir es!“
Gesagt, getan. Einer der Partygäste riß alle Streichhölzer auf einmal an, eine große, heftige Flamme zischte auf. Und, ob sie es wollte oder nicht, die Kohle brannte.
Inzwischen hatte einer der Partygäste, denen allmählich wärmer wurde, das Mädchen entdeckt, das seine Zigarette nicht zum Brennen brachte. „Hallo, brauchen Sie Feuer …? Kommen Sie doch zu uns! Wir haben Feuer!“

Wer ist mit den Streichhölzern gemeint? (Wir Menschen.) Wo gibt es die Kälte, gegen die ein einzelner kaum ankommt? (Neuzugezogene, Alte, Kranke, Unfrieden in den Häusern …) Wo könnten wir als Gruppe ein Feuer entfachen?

Kritik an der Geschichte selbst: Auch ein einzelner kann ein Feuer entfachen. Das haben vor und nach Jesus schon viele Menschen bewiesen.

Oder die Wirkung von Pfingsten – damals bis heute – wird durch Ausfüllen einer Tabelle zu umschreiben versucht (Anhang A6).
Bringt zum nächsten Treff mit, was ihr in Büchern (Religionsbücher) oder Zeitschriften über große Heilige und anerkannte Persönlichkeiten finden könnt, z. B. über Franziskus, Elisabeth, Martin Luther King, Maximilian Kolbe, Mutter Teresa etc. Oder den Firmlingen wird Informationsmaterial über Heilige mitgegeben.

7. Wie Menschen aus dem Geist Jesu leben (1)

Der unsichtbare Geist Gottes wird sichtbar in den Heiligen

Mögliche Einstiege

1. Die Gruppenteilnehmer zeigen oder berichten, was sie über Heilige etc. gefunden haben.
2. Es wird ein Film über eine Persönlichkeit gezeigt.
   Z. B.: Dom Helder Camara (C 17); Maximilian Kolbe (C 253); Mutter Teresa (C 366); Johannes XXIII. (C 284); *oder* ein Tonbild, z. B. Adolf Kolping (TB 298), Vinzenz Pallotti (TB 32); *oder* Lichtbilder: Franz von Assisi (L 153), Dr. Carl Sonnenschein (L 159), Thomas Morus (L 368).
   Alle: Diözesanfilmstelle, Kardinal-Frings-Str. 1-3, 5000 Köln.
3. Eine der folgenden Geschichten oder Berichte wird vorgelesen:

Heilige sind Christen mit Profil.
Sie kommen nicht ins Schleudern.

Bei den Schwestern von Mutter Teresa in Essen

In der Firmgruppe hatten wir besprochen, wie Menschen aus dem Geist Gottes leben. Ein Vorbild für eine solche Haltung ist Mutter Teresa von Kalkutta.

Unsere Gruppenleiterin machte uns den Vorschlag, das Kloster der Schwestern von Mutter Teresa in Essen zu besuchen. Wir meldeten uns an und waren herzlich willkommen.
An einem Freitag Nachmittag fuhren wir nach Essen zu dem „Kloster“ der Schwestern. Das Haus sah abbruchreif aus. Vor der Tür stand ein verwahrloster Mann. Das war nicht ermutigend. Eine junge indische Schwester, in dem uns von den Bildern her bekannten weißen Sari mit blauem Band, begrüßte uns und führte uns ins Haus. Die Oberin, Sr. Maria Anand, erklärte uns kurz, wo wir helfen sollten, und führte uns in die winzige Küche, wo zwei Schwestern gerade das Essen kochten aus Kartoffeln, Gemüse und Fisch. Wir halfen ihnen bei der Arbeit. Das Essen war für Obdachlose (Penner – wie wir sonst sagen) bestimmt. In zwei Räumen saßen rund 35 Männer und Frauen. Wir sollten ihnen das Essen auftragen. Nach einem kurzen Tischgebet mit einer Schriftlesung und einem Lied, das die Schwestern und einige der Männer mitsangen, verteilten wir das Essen. Zuerst hatten wir ein bißchen Angst und getrauten uns kaum, den einzelnen „Guten Appetit“ zu sagen. Das änderte sich aber schnell, als wir merkten, wie freundlich sich einige bedankten. Wir hatten gar nicht mehr das Gefühl, bei Leuten zu sein, um die wir sonst einen großen Bogen machen. Irgendwie wurde es ganz selbstverständlich, zu ihnen freundlich zu sein.
Nach dem Essen halfen wir beim Spülen und machten die Eßräume sauber. Einigen Männern war das nicht gut genug, und sie putzten selbst noch einmal nach, weil das auch sonst ihre Aufgabe ist.
Der Abschluß unseres Besuches war das Gespräch mit Sr. Maria Anand. Wir trafen uns dazu in der Hauskapelle. Sie war genauso wie die anderen Räume des

Hauses mit Möbeln vom Sperrmüll eingerichtet. Die Schwestern wollen ganz bewußt so leben, wie die Ärmsten unserer Gesellschaft, sagte uns Schwester Maria.
Die Schwestern in Essen versorgen nicht nur die Obdachlosen mit Essen, sie besuchen und betreuen alleinstehende Kranke, alte und einsame Menschen und haben in ihrem Haus auch ein kleines Heim für obdachlose Frauen und Mädchen, die von der Bahnhofsmission zu ihnen geschickt werden. Die Schwestern tun ihren Dienst nach dem Grundsatz: „Was ihr einem meiner geringsten Brüder getan habt, habt ihr mir getan". Wenn man Christus lieben will, muß man sich auch um die kümmern, mit denen niemand etwas zu tun haben will – ohne zu fragen, warum sie in diese Lage gekommen sind. Die Liebe zu Christus gibt den Schwestern Sicherheit und Vertrauen für ihre Arbeit. Uns fällt es schwer, in solchen Menschen Christus zu sehen. Wir stellen uns Christus immer nur wie etwas ganz Großes und Heiliges vor. Wir glauben, daß sich durch die Begegnung mit den Schwestern und den Armen unsere Einstellung geändert hat. Die Angst und Abneigung gegenüber Leuten, die von allen gemieden werden, hat sich etwas gelegt.
Sehr nachdenklich fuhren wir nach Hause. Wir möchten in nächster Zeit nochmals nach Essen zu den Schwestern von Mutter Teresa fahren.

Gleichberechtigung – ohne Gewalt: Martin Luther King

Als Martin Luther King ein kleiner Junge war, ging sein Vater einmal mit ihm in die Stadt Schuhe kaufen. Die beiden betraten ein Geschäft und setzten sich auf freie Sessel vorne im Laden. Ein junger Verkäufer kam und murmelte höflich: „Ich will Sie gerne bedienen, wenn Sie sich, bitte, dort hinten (in die Abteilung für schwarze Kunden) hinsetzen wollen." Darauf Martins Vater: „Ich habe nichts gegen diese Stühle. Wir sitzen ganz gut hier." – „Es tut mir leid", sagte der Verkäufer, „aber Sie müssen hier weg." – „Entweder wir kaufen hier vorne Schuhe", erwiderte der Vater, „oder wir kaufen überhaupt keine!" Darauf nahm er den Jungen bei der Hand und verließ den Laden. So wütend hatte Martin seinen Vater noch nie gesehen. „Gleich, wie lang ich mit diesem System leben muß – ich werde mich nie damit abfinden", murmelte King sen., während die beiden ohne Schuhe nach Hause gingen.

Zwanzig Jahre später war Martin Luther King Pfarrer einer schwarzen Gemeinde in Montgomery/Alabama und kämpfte für die Gleichberechtigung seiner Rasse. Er und mit ihm die Schwarzen von Montgomery stritten als Christen – ohne Gewalt anzuwenden und in einer Haltung der Liebe und Brüderlichkeit. Sie verlangten das gleiche Recht auf einen Sitzplatz in den städtischen Omnibussen wie die weißen Fahrgäste. Um dieser Forderung Nachdruck zu verleihen, einigte sich die farbige Bevölkerung auf einen Busstreik. 382 Tage lang wurden die Busse von Montgomery von ihnen nicht benützt.

Etwa zwei Monate nach Beginn des Boykotts sprach King wie jeden Montagabend in einer Kirche vor vielen hundert Menschen. Er ermahnte sie, gegenüber den weißen Bürgern der Stadt nicht gewalttätig zu werden, sondern am Gebot der Liebe festzuhalten. Kings Frau Coretta war mit dem Baby Yoki zu Hause geblieben. Eine Nachbarin war bei ihr. Die beiden Frauen hörten plötzlich ein Geräusch auf der Veranda. Es klang, als hätte jemand einen Ziegelstein fallen lassen. Sekunden später erschütterte eine Explosion das Haus. Eine Bombe war losgegangen.

Die Detonation war mehrere Straßen weit zu hören. In kurzer Zeit kam die Nachricht zu Martin Luther King in die Kirche. „Jemand hat eine Bombe in Ihr Haus geworfen." King blieb ruhig. Er unterbrach die Kollektensammlung, die gerade im Gange war, teilte der Gemeinde die böse Nachricht mit und ermahnte sie, nicht in Panik zu geraten. Rasch fuhr man ihn nach Hause. Hunderte von Schwarzen standen um das Haus, Empörung in den Gesichtern. Sie waren mit Gewehren, Steinen, Stöcken und Coca-Cola-Flaschen bewaffnet. King stürzte ins Haus. Er fand seine Frau und das Baby wohlbehalten im Schlafzimmer. Die beiden Frauen waren nach dem ersten Geräusch sofort nach hinten gerannt. Wie gut, daß sie nicht vorne auf der Veranda nachgesehen hatten, was los war!

Inzwischen waren mit besorgten Mienen der weiße Bürgermeister und andere städtische Beamte eingetroffen. Auch Reporter waren da. Die Menge draußen wurde immer erregter. So viele Beleidigungen hatten die Farbigen einstecken müssen – jetzt war das Maß voll. Der Polizei gelang es nicht, die Leute auseinanderzutreiben. Ein blutiger Aufstand drohte.

In diesem Augenblick trat King auf die mit Schutt übersäte Veranda. Er hob die Arme. In wenigen Sekunden herrschte vollkommene Stille. Mit ruhiger Stimme teilte King der Menge mit, daß seiner Familie nichts geschehen sei. „Nun beruhigt euch", sagte er. „Macht keinen Gebrauch von euren Waffen. Mit Gewalt können wir dieses Problem nicht lösen. Denkt an das Wort Jesu: Wer das Schwert nimmt, wird durch das Schwert umkommen." Die Menge blieb ruhig, verwundert über die Worte aus dem Mund eines Mannes, dessen Frau und Kind beinahe einem Attentat zum Opfer gefallen wären. King fuhr fort: „Wir müssen unsere weißen Brüder lieben, ganz gleich, was sie uns antun. Wir müssen ihnen klarmachen, daß wir sie lieben. Vergeßt nicht: Wenn ich beseitigt werde – die Freiheitsbewegung wird weitergehen. Denn Gott ist mit uns." – „Amen", riefen einige und „Gott segne dich! Wir halten zu dir." Dann begann die Menge sich zu zerstreuen. Die Wut war verklungen. Das drohende Blutbad war abgewendet.

Die Idee der Gewaltlosigkeit hatte sich in einem höchst gefährlichen Augenblick bewährt. Trotzdem konnte sich die „Black Power" unter ihrem radikalen Führer Carmichal gegen die Idee der Gewaltlosigkeit durchsetzen. Nach dem Mord an John F. Kennedy war in den Vereinigten Staaten Gewaltanwendung auf beiden Seiten, von Schwarzen und Weißen, immer häufiger geworden.

„Ein Mensch, der nicht bereit ist, für etwas zu sterben", hat King einmal gesagt, „ist nicht reif für das Leben."

Am 4. April 1968 wurde der Prediger der Gewaltlosigkeit ein Opfer der Gewalt.

Zu Lebzeiten sprach Martin Luther King immer wieder von einem Traum: „Immer, trotz aller Schwierigkeiten und Enttäuschungen des Augenblicks, habe ich von einem Tag geträumt, an dem Friede sein wird, an dem die Söhne von früheren Sklavenhaltern und die Söhne von früheren Sklaven sich am Tisch der Brüderlichkeit zusammensetzen werden. Ich träume davon, daß meine vier kleinen Kinder eines Tages inmitten einer Nation leben, in der sie nicht nach der Farbe ihrer Haut, sondern nach ihrem Charakter beurteilt werden..."

(Monika Kraft)

Der Marsch der Fischer:
Dom Helder Camara, Bischof in Südamerika

Hunger und Elend waren eingekehrt in die ärmlichen Hütten der Fischer, seit die neue Fabrik ihre Abwässer in den Fluß pumpte. Wo sie früher die prall gefüllten Netze aus dem klaren Wasser zogen, waren nun alle Fische eingegangen.
Dom Helder, der Bischof, kam in ihre Siedlung. „Padre! Es sind keine Fische mehr da", sagten die Fischer. „Wir müssen mit unseren Kindern verhungern, wenn keiner uns hilft."
„Die Fabrik muß eine Kläranlage bauen. Dann sind die Abwässer nicht mehr giftig, und im Fluß werden wieder Fische sein", sagte der Bischof.
Die Fischer lachten bitter: „Das haben wir den Direktoren der Fabrik auch schon gesagt. Die haben uns fortgeschickt und gesagt, dafür hätten sie kein Geld." „Dann müssen wir sie zwingen!" antwortete der Bischof. „Wir werden einen Protestmarsch zur Fabrik machen und mit den Direktoren verhandeln."
Dom Helder ging zum General. „Wir werden zur Fabrik marschieren."
„Das ist verboten", sagte der General.
„Dann werden wir eine Prozession machen. Das kann uns keiner verbieten", antwortete der Bischof.
Am nächsten Tag zogen Hunderte von Männern mit ihren Frauen und Kindern durch den staubigen Lehm der brasilianischen Straßen. Dom Helder ging an der Spitze des Zuges und trug ein großes Holzkreuz. Die Fischer trugen tote Fische.
Als sie sich der Fabrik näherten, sahen sie, daß die Gebäude von bewaffneten Polizisten umstellt waren. Die Maschinenpistolen waren auf die Fischer gerichtet.

Keiner der Direktoren war erschienen, um zu verhandeln.
„Sollen wir die Fabrik stürmen, Padre?" fragten die Fischer ihren Bischof. „Wir werden alles kurz und klein schlagen."
„Nein!" antwortete der Bischof. „Damit erreichen wir nichts. Das gibt nur Tote und Verletzte und neues Unrecht. Wir werden morgen wiederkommen. Wir werden jeden Tag wiederkommen. So lange, bis sie ihr Unrecht einsehen."
Ohne Trost gingen die Fischer zurück in ihre Lehmhütten. Am nächsten Tag stand in allen Zeitungen, was geschehen war. Die Menschen waren empört. Noch am selben Tage konnte Dom Helder mit den Direktoren verhandeln.
Und die Kläranlage wurde gebaut.

So wird Gottes Kraft in einzelnen Menschen erfahrbar, die sich für ihn öffnen. So wird Gottes Geist spürbar in: Liebe, Barmherzigkeit, Gerechtigkeit, Friede, Freundschaft, Einsatz für das Gute. Das ist: Christus nachfolgen.

Kritische Anmerkungen: Davon abgesehen, daß diese großen Heiligen langsam „vermarktet" werden, erscheinen sie uns sooo groß und unerreichbar. Es besteht die Gefahr, daß wir uns hinter ihnen verstekken. Lieber kleine Schritte: Wie zeigt sich der Geist Gottes „in kleinen Portionen" bei mir, in meinem täglichen Kleinkram?
Hier kann evtl. der Besuch einer AA-Gruppe (= Anonyme Alkoholiker) eingebaut werden, die „vor Ort" den Geist Gottes sichtbar werden lassen.

8. Wie Menschen aus dem Geist Jesu leben (2)

Wozu der Geist Gottes fähig macht

Einstieg: Was habt ihr bisher von Folterungen gehört? Warum und wo wird gefoltert? Könntest du solche körperlichen Qualen um deiner politischen oder religiösen Überzeugung willen aushalten? Gibt es noch Schlimmeres, als den Leib des Menschen zu verstümmeln? (Psychische Folter, z. B. die Frau oder das Kind des Gefangenen quälen wollen.)
Der hl. Stephanus war der erste Christ, der zu spüren bekam, daß die „Sache Jesu" auch erfordern kann, sein Leben zu opfern. Er ist der erste Märtyrer. (Eventuell seine Steinigung vorlesen: Apg 7,54–60.)
Ich lese euch einen Bericht vor, der aus Südamerika stammt. Er deutet an, wie heute in Gefängnissen vieler Länder vorgegangen wird.

... lieber Selbstmord begehen

Der gefolterte brasilianische Dominikanerpater Tito de Alencar schreibt in einem Bericht, den er nach seinem Selbstmordversuch an Bekannte schicken konnte: „... Sie drangen immer wieder in mich, um mich zum ‚Sprechen' zu bringen. Sie gaben mir Schläge auf beide Ohren (‚Telefone') und beschimpften mich. Das dauerte ungefähr eine Stunde. Je mehr ich abstritt, desto heftiger wurde ich geschlagen. Die Quälereien und Verhöre dauerten bis 22 Uhr. Als ich aus dem Zimmer ging, war mein Körper mit Blutergüssen bedeckt, mein Kopf war schwer und schmerzte. Am nächsten Tag setzten sie mich auf den Drachenstuhl und jagten mir Elektroschocks in Hände, Füße, Ohren und Kopf. Zwei Drähte wurden an meinen Händen und an meinem linken Ohr befestigt. Bei jedem Stromstoß bekam ich einen Schlag, als ob mein ganzer Körper auseinanderbersten würde. Jedesmal, wenn sie mir versprachen, meinen Schmerz zu lindern, jagten sie mir Schocks in Brust und Beine und schlugen mich. Nach einer Stunde bestand mein ganzer Körper aus blutenden Wunden. Ich fiel in Ohnmacht. Als ich wieder zu mir kam, gingen die Folterungen weiter ... So befahl man mir, in einem bestimmten Augenblick den Mund zu öffnen, um ‚die geweihte Hostie zu empfangen': und steckte einen elektrischen Draht hinein. Dadurch schwoll mein Mund so an, daß ich nicht mehr sprechen konnte ... Sie stellten immer wieder die gleichen Fragen und wiederholten die Schimpfkanonaden. Sie sagten, daß die Folterungen wegen meines Widerstandes fortgesetzt würden, daß ich ein Untergrundkämpfer sei und daß ich meine Beteiligung an Banküberfällen bekennen solle. Man wollte mir drei Überfälle zur Last legen. Schocks, Schläge in ... den Magen und das Ausdrücken von brennenden Zigaretten auf meinem Körper, fünf Stunden lang. Ich heulte wie ein Hund ... In meiner Zelle konnte ich nicht schlafen. Der Schmerz nahm ständig zu. Ich glaubte, mein Kopf sei zehnmal größer als mein Körper. Ich machte mir Sorgen über die Möglichkeit, daß auch andere Priester das gleiche erleiden könnten. – Es wurde Zeit, ein Ende zu machen. Es gab nur eine Lösung: mich selbst zu töten. In meiner Zelle, die voller Schmutz war, entdeckte ich ein Kehrblech. Auf dem Zementboden begann ich, den Rand des Blechs zu schärfen. Der Gefangene neben mir bemerkte mein Vorhaben. Er bat mich, ruhig zu bleiben. Aber ich wollte auch die Menschen draußen und die Kirche wissen lassen, was in brasilianischen Gefängnissen vorgeht. Ich las noch die Leidensgeschichte nach Mattäus. Der Vater hatte das Opfer seines Sohnes als

Beweis seiner Liebe zu den Menschen gewollt. Am nächsten Tag versuchte ich es ..."

Viele überleben diese Folterungen nicht. Darf die Kirche länger schweigen? Macht sie alles noch schlimmer, wenn sie das Militärregime deswegen angreift? Was würdest du tun, wenn du der Papst wärst? Widerspricht nicht der Selbstmordversuch dem Vorbild Jesu, der im Gehorsam gegen den Willen Gottes alles ertrug?

Ich glaube an die Sonne, auch wenn sie nicht scheint.
Ich glaube an die Liebe, auch wenn ich sie nicht fühle.
Ich glaube an Gott, auch wenn er schweigt.
(Mauerinschrift im Warschauer Getto 1944)

Was weißt du über die Arbeit von „Amnesty International"? Dieser Organisation wurde 1981 der Friedensnobelpreis zuerkannt.
Der brasilianische Pater, von dem wir eben hörten, war schon über seine Kräfte bedrängt. Aber viele Menschen, wegen ihrer politischen oder religiösen Meinung verfolgt, ertragen Unmenschliches, weil sie aus Gott und aus der Nachfolge Christi Kraft schöpfen.
Wir wollen für diese Menschen beten. (Die Firmlinge formulieren spontan Bitten.)
Im Konzentrationslager (= KZ) Ravensbrück, wo 92.000 Frauen und Kinder starben, fand man bei der Leiche eines Kindes einen Zettel mit folgendem *Gebet:*

O Gott, gedenke nicht nur der Männer und Frauen, die guten Willens sind, sondern auch derer, die das Böse wollen. Doch gedenke nicht all der Leiden, die sie uns zugefügt haben. Gedenke der Früchte, die wir gebracht haben – aus diesem Leiden: Unsere Kameradschaft, unsere Bescheidenheit, unsern Mut, unsere Großzügigkeit, unsere Großherzigkeit. Und wenn sie zum Gericht kommen, laß all die Früchte, die wir gebracht haben, ihre Vergebung werden.

Hier kann noch ein Treff eingefügt werden: Die Firmlinge bringen Lieder auf Platten/Kassetten mit, in denen ihrer Meinung nach etwas vom Geist Gottes in der Welt spürbar wird.

Zum nächsten Treff Kassettenrecorder zum Interviewen mitbringen!

9. Ist dieser Geist Jesu auch in unserer Gemeinde? (1)

Wir machen uns auf die Suche

1. Möglichkeit
Wir interviewen mit dem Kassettenrecorder Kirchgänger. (Wenn es nach den Wochenendgottesdiensten sein soll, kann der Priester es in der Kirche ankündigen.) Die Firmlinge können zuerst die Fragen gemeinsam besprechen, z. B.: Warum gehen Sie sonntags zur Kirche? Was gefällt Ihnen an der Kirche – was nicht? Braucht die Welt heute noch die(se) Kirche?
Anschließend werden die Antworten abgehört und die Erlebnisse ausgetauscht. Dann die Frage: Leuchtete in den Antworten etwas von dem auf, was die Gesinnung und den Geist Jesu trifft?
2. Möglichkeit
Wir interviewen mit dem Kassettenrecorder eine Ordensschwester (Krankenschwester)! Wir fragen z. B.: Was tun Sie in der Pfarrgemeinde? Warum tun Sie das?
Tägliches Gebet der „Missionarinnen der Liebe“:

Mach uns würdig, Herr, unseren Mitmenschen in der ganzen Welt zu dienen, die in Armut und Hunger leben und sterben. Gib ihnen durch unsere Hände heute ihr tägliches Brot, durch unsere verstehende Liebe Frieden und Freude.
Gott, mach mich zu einem Boten deines Friedens, daß ich dort, wo Haß ist, Liebe bringe; wo Unrecht herrscht, den Geist des Verzeihens; wo Uneinigkeit, Einigkeit; wo Irrtum herrscht, Wahrheit; wo Verzweiflung ist, Hoffnung; wo Schatten sind, Licht; wo Traurigkeit ist, Freude.
Herr, gewähre, daß ich eher zu trösten suche, als getröstet zu werden; zu verstehen, als verstanden zu werden; zu

lieben, als geliebt zu werden; denn durch Selbstvergessen findet man; durch Verzeihen erlangt man Verzeihung; durch Sterben erwacht man zu ewigem Leben. Amen.

10. Ist dieser Geist Jesu auch in unserer Gemeinde? (2)

Wir machen einen Besuch

Möglichkeiten: Wir besuchen ein katholisches oder evangelisches Krankenhaus oder Altersheim; einen konfessionellen Kindergarten; eine Pfarrgemeinderatssitzung, eine Kinder- oder Jugendgruppe der Pfarre oder einen Familienkreis; einen Gefängnispfarrer ... (Vorher genau absprechen!)

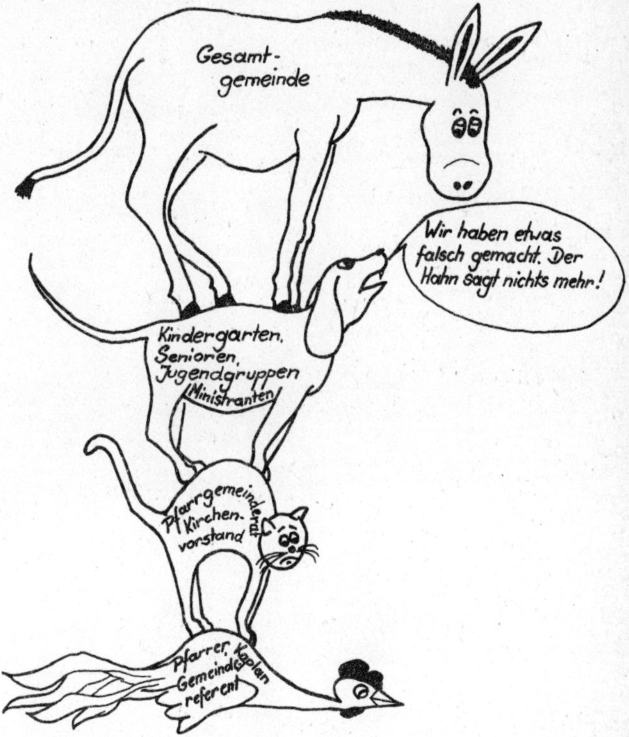

Mitten in einem solchen Besuch darf dann die Frage stehen: Was unterscheidet dieses Haus, diese Sitzung oder diesen Kreis von anderen, die sich nicht von Christus herleiten oder nichts mit ihm zu tun haben wollen?
Es gibt ein sehr schönes Lied, das davon spricht, wie alle zusammenhalten müssen: „Ein Schiff, das sich Gemeinde nennt ..." Besorgt euch Text und Noten!

Text und Melodie: Martin Gotthard Schneider
Verlag: Gustav Bosse, Regensburg

11. Wir feiern eine Firm-Party mit allen anderen Gruppen

Eine Vorbereitung ist natürlich erforderlich – wie bei jeder Party. Aber diese Fete soll in einem anderen „Geist“ stattfinden. Darum, wenn alles zum Beginn bereit ist, begrüßt ein Firmhelfer alle Firmlinge sehr herzlich. Dann liest er folgendes vor:

Die Fete kann nicht stattfinden

Da sollte irgendwo in Indien oder China ein großes Fest stattfinden. Eine Hochzeitsfete. Aber das Brautpaar war sehr arm. Darum hatten sie auf die Einladungskärtchen geschrieben, jeder solle bitte eine Flasche Reiswein mitbringen und am Eingang in ein großes Faß schütten. So sollten alle zu einem frohen Fest beitragen.
Als alle versammelt waren, schöpften die Serviererinnen aus dem Faß. Und wie sie zum Wohl des jungen Brautpaares anstoßen und trinken, da versteinern alle Gesichter: Denn jeder hatte nur Wasser im Glas.
Jetzt bereute wohl jeder seine Überlegung: „Ach, die eine Flasche Wasser, die ich hineingieße, wird niemand merken!“ Aber leider hatten alle so gedacht. Alle wollten auf Kosten der anderen mitfeiern. Und so konnte das große, schöne Fest nicht stattfinden!

Er fährt fort: „Liebe Firmlinge! Diese Geschichte will sagen: Wenn es heute nicht stinklangweilig werden soll, dann müßt ihr mehr als ‚Wasser‘ mitgebracht haben. Das heißt: Erwartet die Stimmung nicht von *anderen*. Tanzt gerade mit denen, die sonst gerne übersehen werden. Setzt euch nicht ab, wenn euch eine Platte mal nicht schmeckt. Kurz: Laßt hier einen anderen

Geist wehen als allgemein üblich. Ich wünsche euch viel Spaß und Begeisterung!“

Diese Geschichte und die kurze Ansprache können auch am Ende des 10. Treffs vorausgeschickt werden.

12. Dieser Geist braucht auch dich

Das Blatt braucht den Baum, um leben zu können.
Der Baum braucht das Blatt, um leben zu können.
Wir brauchen die Verbundenheit mit Jesus.
Christus braucht unsere Hände,
um heute zu helfen.

Folgende Geschichte wird vorgelesen:

„Wir verkaufen nur den Samen“

Ein junges Mädchen betritt im Traum einen Laden. Hinter der Theke steht ein Engel. Hastig fragt es ihn: „Was verkaufen Sie, mein Herr?“ Der Engel antwortet freundlich: „Alles, was du willst!“ Da sprudelt das Mädchen los: „Dann hätte ich gerne, daß ich mich in der Klasse wohlfühle und gute Noten nach Hause bringe.

Ich möchte in meiner Clique anerkannt sein und jedem vertrauen können. Zu Hause soll es keinen Steit geben. In der Pfarre soll was los sein, und manche Erwachsene sollen nicht so heuchlerisch Moral predigen und … und …" Da fällt der Engel ins Wort: „Entschuldige, liebes Mädchen, du hast mich falsch verstanden. Wir verkaufen hier keine Früchte, wir verkaufen nur den Samen!"

Was kann die Geschichte sagen? – Jeder von euch hat eine besondere Begabung: Er muß sie einbringen und wachsen lassen. So sagte schon Paulus im 1. Korintherbrief (1 Kor 12,4.6.7):
„Es gibt verschiedene Gnadengaben; aber nur den einen Herrn. Es gibt verschiedene Kräfte, die wirken, aber nur den einen Gott. Jedem aber wird die Offenbarung des Geistes geschenkt, damit sie anderen nützt."
Welche besondere Fähigkeit oder Begabung hast du schon in dir entdeckt? (Gut Gitarre spielen, gut mit Kindern umgehen, leicht Sprachen lernen, gut zeichnen, stricken etc.)
Wo könnten wir in unserer Gemeinde aus dem Geist Christi heraus handeln? Jetzt wird konkret ein Einsatz in der Pfarre geplant. Beim *einzelnen* kann es das stundenweise Mithelfen im Pfarrbüro sein oder der Einsatz als Lektor, Ministrant oder Aufräumer nach dem Gottesdienst. Es kann bis zur Hilfe bei der Vorbereitung eines Jugendgottesdienstes gehen, bis zum Anpacken beim Pfarrfest, Altkleidersammlung etc.
Für die *ganze* Firmgruppe wird zur nächsten Stunde ein Einsatz abgesprochen, z. B. Jäten einer verkommenen Anlage; Umweltaktion: ein Waldstück von Abfällen säubern; vernachlässigte Gräber auf dem Friedhof pflegen etc.; *oder:* Übernahme einer Patenschaft für ein konkretes Leprakind; jeden Monat ein Paket nach Polen .. schicken.
Noch eine Geschichte zum Schluß dieses Treffs unter dem Motto: Wer anderen hilft, hilft auch sich selbst (weiter).

Sich selbst gerettet

Als ich mit einem Tibetaner im Gebirge im Schneesturm wanderte, sah ich einen Mann, der im Schnee den Abhang hinuntergestürzt war. Ich sagte: „Wir müssen hingehen und ihm helfen." Er erwiderte: „Niemand kann von uns verlangen, daß wir uns um ihn bemühen, während wir selber in Gefahr sind umzukommen." „Immerhin", antwortete ich, „wenn wir schon sterben müssen, ist es gut, wir sterben, während wir anderen helfen." Er wandte sich ab und ging seines Weges. Ich stieg zu dem verunglückten Mann hinunter, hob ihn mühsam auf meine Schultern und trug ihn bergan. Durch diese Anstrengung wurde mir warm, und meine Wärme übertrug sich auf den vor Kälte steifen Verunglückten. Unterwegs fand ich meinen früheren Begleiter im Schnee liegen. Müde, wie er war, hatte er sich niedergelegt und war erfroren. – Ich hatte einen Menschen retten wollen, aber ich rettete mich selbst.

Du wirst immer allein sein, wenn du nur an dich denkst.

Zu diesem Zeitpunkt sollte überlegt werden, ob die Firmlinge nicht in ein gemeinsames Wochenende fahren. Neben einem „liturgischen Abend" (nach dem Gottesdienst noch zum gemeinsamen Singen, Meditieren, Zuhören, Filme- oder Dias-Sehen im Gottesdienstraum bleiben) können die gemeinsamen Mahlzeiten und Unternehmungen den „Funken" überspringen lassen.

13. Umweltaktion der Gruppe: Wir handeln aus dem Geist Jesu

Der abgesprochene Einsatz wird in die Tat umgesetzt.

Zum nächsten Treff bringt jeder ein größeres trockenes Holzscheit mit. Vergeßt auch nicht eure Musikinstrumente.

Gemeinsam geht's besser!

14. Lagerfeuer mit einer oder mehreren Firmgruppen

Jesus: Ja! – Kirche: Nein! ???

Die mitgebrachten Holzscheite werden entzündet. (Für das Anzünden und genügend weiteres Brennmaterial Vorsorge treffen.) Bevor ein paar moderne geistliche Lieder gesungen werden (hoffentlich ist das möglich), wird im Widerschein des Feuers folgende Geschichte vorgelesen, die nicht aus der Bibel stammt.

Ohne Kirche zu Jesus gehören?

In jener Zeit kam einer zu Jesus und begann zu fragen: „Meister, wir alle wissen, daß du von Gott kommst und die Wege der Wahrheit lehrst. Aber was deine Jünger angeht, dein Gefolge oder deine Gemeinde, wie du das nennen magst – so muß ich gestehen, daß mir das nicht besonders zusagt, im Gegenteil. Erst kürzlich hatte ich wieder eine heftige Auseinandersetzung mit einem deiner Getreuen. Und wie jeder weiß, sind sich deine Jünger untereinander auch nicht immer einig. Ich möchte deshalb ganz offen fragen: Kann man nicht auch so zu dir gehören, ich meine: ohne besondere Beziehungen mit deinen sogenannten Anhängern zu unterhalten? Ich möchte dir schon folgen und sozusagen ein Christ sein, aber ohne die sogenannte Gemeinde, ohne Kirche und all das...!?“ Da sah ihn Jesus aufmerksam an. „Hör zu“, sagte er dann, „ich will dir eine Geschichte erzählen:
Da waren ein paar Männer, die saßen eines Tages im Gespräch zusammen. Als nun der Abend kam und die Dunkelheit hereinbrach, trugen sie Holz herbei zu einem Holzstoß und entfachten ein Feuer. Da saßen sie miteinander, die Glut des Feuers wärmte sie, und der

Schein der Flammen erhellte ihre Gesichter. Da war aber nun einer unter ihnen, der wollte nicht länger im Kreis bei den anderen sitzen, sondern für sich allein. So nahm er einen brennenden Holzspan vom gemeinsamen Feuer und setzte sich damit abseits, fern von den andern. Der glimmende Span leuchtete auch ihm und strahlte Wärme aus. Bald aber ließ die Glut nach, und der alleinsitzende Mann spürte erneut die Dunkelheit und die Kälte der Nacht. Da besann er sich und nahm das schon erkaltete Stück Holz und trug es zurück in die Glut des großen Feuers, wo es sich erneut entzündete und Feuer fing und zu brennen begann. Und der Mann setzte sich wieder in den Kreis der andern. Er wärmte sich auf, und der Schein der Flammen erhellte sein Gesicht."

Und Jesus fügte hinzu: „Wer zu mir gehört, ist dem Feuer nahe. Ja, ich bin gekommen, um das große Feuer auf der Erde zu entzünden, und wie sehr sehne ich mich danach, es hell auflodern zu sehen!"

Wenn möglich, kurze Aussprache, u. a.: Warum ist eine *Gemeinschaft* der Glaubenden nötig?

15. Die „Zeichensprache“ bei der Firmung

Gut die Hälfte der Vorbereitungszeit auf die Firmung ist schon vorbei. Vielleicht interessiert es dich schon, was bei der Firmung geschieht.

1. Die sieben Gaben des Heiligen Geistes

Der Bischof breitet bei der Firmung die Hände über euch aus und betet um die Fülle der Gaben des Geistes Gottes.

Wenn es die Gruppensituation erlaubt, *kann* näher auf diese Gaben eingegangen werden:

Gabe der Weisheit	=	Wissen, worauf es ankommt; nicht die Fülle des Wissens ist entscheidend.
Gabe der Einsicht	=	Alles richtig verstehen; alles „mit dem Herzen sehen“. Gott hinter allem erkennen.
Gabe des Rates	=	Guten Rat annehmen und richtigen Rat geben.
Gabe der Erkenntnis	=	Sich selbst und seine Grenzen erkennen. Andere anerkennen.
Gabe der Stärke	=	Zivilcourage haben: Auch gegen den Strom schwimmen können. Mut, Ausdauer, Konsequenz.
Gabe der Frömmigkeit	=	Dankbar sein gegen Gott. Ihm vertrauen und aus ihm leben.
Gabe der Gottesfurcht	=	Nicht Angst, sondern Ehrfurcht vor Gottes unfaßbarer Liebe haben.

Diese sieben Gaben machen uns „firm“, im Geist Jesu zu leben – wenn wir uns dafür öffnen. Die Zahl sieben ist eine heilige Zahl und eine Zahl der Fülle (auch sieben Sakramente; sieben Tage der Woche; sieben Himmel übereinander dachte sich der fromme Jude).

2. Die eigentliche „Zeichensprache“ bei der Firmung

Der Bischof, den du am Brustkreuz, am Stab (= erinnert an den guten Hirten), an der Mitra (= „Bischofsmütze“) und dem großen Bischofsring am Finger erkennen kannst, legt dir

a) die Hand auf =
Gott beschützt dich. Du gehörst zu Christus. (So machten es auch die Apostel; siehe Apg 8,17.) Übrigens: Auch der Firmpate legt dir die Hand auf! Was kann das bedeuten?

b) „besiegelt“ dich mit dem Kreuz =
Die Echtheit von Urkunden, Gold oder Silber wird durch einen Stempel besiegelt. Hier bedeutet es: Was in der Taufe begann, wird jetzt bestätigt. Lebe aus diesem Kreuz, aus dem Geist Jesu. Es will dich prägen – wenn du wirklich willst.
(Dabei spricht der Bischof: „N.N., sei besiegelt durch die Gabe Gottes, den Heiligen Geist!“ Du antwortest: „Amen.“ Dann grüßt dich der Bischof mit: „Der Friede sei mit dir!“)

c) salbt dich beim Kreuz auf der Stirn mit Chrisam =
Chrisam ist eine Mischung aus Olivenöl und Balsam. Dieses Öl schützt (Sonnenöl!) und stärkt (Salbe!). Solch eine Salbung bedeutete schon im Alten Testament: Ich erwähle und stärke dich zum Amt als Prophet, Priester oder König. Jesus selbst heißt auch „Messias“ = der Gesalbte.

3. Der Firmpate

Er legt, hinter dir stehend, seine rechte Hand auf deine rechte Schulter. Was darfst du von ihm erwarten? Daß er „hinter dir steht“ und dir ein Beispiel gibt, mit Zivilcourage und Rückgrat heutzutage Christ zu sein. Hast du schon einen Paten?
Nach der Firmung bist du volles Mitglied der Gemeinde. – Der gesamte Firmablauf und die Texte *können* jetzt oder besser unmittelbar vor der Firmung im „Gotteslob“ unter der Nr. 52 nachgelesen werden. (Vorher Nachschlagewettbewerb mit dem Gotteslob!?)
Zum Abschluß des Treffens soll die „Gabe der Stärke“ noch an einer Geschichte verdeutlicht werden:

Christus ist auferstanden

Es war in Moskau im Gefängnis der Geheimpolizei. Eine der Gefangenen – Frau von Arsenjeff – erzählt von einem Erlebnis, das sie an diesem Ort des Schreckens hatte:
„Eines Abends flüsterte mir meine junge Mitgefangene in der einsamen Zelle zu: ‚Wissen Sie, was morgen für ein Tag ist? Morgen ist Ostern!'
War das Osterfest tatsächlich schon so nahe? Ostern ist Freude für die ganze Menschheit. Nur wir waren von dieser Freude ausgeschlossen. Trostlos ging ich den Korridor entlang.
Plötzlich durchbrach ein Schrei die bedrückende Stille: ‚Christus ist auferstanden!' Wer hatte es gewagt, unsern Ostergruß zu rufen? Ich sah meine Gefährtin an. Die großen Augen leuchteten in dem blassen Gesicht. Da erklang schon die Antwort. Aus jeder Zelle ertönten die freudigen Stimmen: ‚Er ist wahrhaft auferstanden!'
Die Wächter waren sprachlos, vor Staunen versteinert. Solch eine Frechheit, wie sie meinten, war ihnen noch nicht vorgekommen. Sie stürzten sich auf das junge Mädchen und schleppten es mit sich.
Nach vier Tagen kehrte sie in meine Zelle zurück. Das Gesicht sah elend und abgemagert aus. Man hatte sie die Ostertage über in einer ungeheizten Strafzelle frieren und hungern lassen.
‚Ich habe aber doch die Osterbotschaft im Gefängnis verkündet', sagte sie zu mir, ‚alles andere ist ja nicht wichtig!'"

Bitte zum nächsten Treff Schwimmsachen (und Fahrräder) mitbringen. Bei einem Freibad auch Ball oder Gesellschaftsspiel mitnehmen.

16. Ein Schwimmbadbesuch: Im Geist Jesu im Alltag leben

Vor dem Schwimmbad stellen wir uns noch einmal kurz zusammen und führen uns vor Augen: Dieser Besuch soll unsere Gemeinschaft stärken. Wir bleiben also ziemlich zusammen. Wir wollen die Goldene Regel beachten, die bei Mt 7,12 steht:

Alles, was ihr von anderen erwartet, das tut zuerst für sie!

Dann kann heute nichts schiefgehen. Und nicht nur heute. Nach gemeinsamem Vergnügen – vielleicht sind Reiterspiele, Pyramidenbau oder ein Ballspiel erlaubt –, wenn also die ersten Ermüdungserscheinungen eintreten, legen sich alle noch einmal in einem Kreis zusammen (auch im Hallenbad; wir denken wieder an eine Eishockeymannschaft, die sich so vor dem Spiel noch einmal richtig motiviert). Dann beginnt der Gruppenleiter:
Wenn wir im Wasser ganz untertauchten, waren wir von allen Seiten vom Wasser umgeben. Es gibt das Geheimzeichen der ersten Christen: ein Fisch. Und es gab viele berühmte Leute in der Kirche, die sagten: „Wir leben in Gott wie die Fische im Wasser." Dazu eine Geschichte:

Der gelehrte Fisch

Die Fische eines Flusses sprachen zueinander: „Man behauptet, daß unser Leben vom Wasser abhängt. Aber wir haben noch niemals Wasser gesehen. Wir wissen nicht, was Wasser ist." Da sagten einige, die klüger waren als die anderen: „Wir haben gehört, daß im Meer ein gelehrter Fisch lebt, der alle Dinge kennt. Wir wollen zu ihm gehen und ihn bitten, uns das Wasser zu zeigen." So machten sich einige auf und kamen auch endlich in das Meer und fragten den Fisch. Als der Fisch sie angehört hatte, sagte er: „Oh, ihr dummen Fische! Im Wasser lebt und bewegt ihr euch. Aus dem Wasser seid ihr gekommen, zum Wasser kehrt ihr wieder zurück. Ihr lebt im Wasser, aber ihr wißt es nicht."

Auf die Frage: „Wo ist Gott?" kann ich also sagen: „Er ist *hinter* mir; denn von ihm komme ich. Er ist *vor* mir; denn zu ihm hin bin ich unterwegs. Er ist *unter* mir; denn er trägt mich. Er ist *über* mir; denn er sieht und lenkt mich. Er ist *rings um* mich; denn er umarmt mich wie der Vater den verlorenen Sohn. Er ist *in* mir; denn er ist Liebe und Vertrauen!" Der Apostel Paulus sagt es noch einfacher: „In ihm leben wir, bewegen wir uns und sind wir!" (Apg 17,28).

Wer sich diesen Ablauf im Schwimmbad nicht vorstellen kann, verlegt die Auswertung auch in die nächste Stunde. Dann genügt vorher der Hinweis: Achtet auf die Gemeinschaft und was Wasser für dich bedeutet.

Beim nächsten Treff wollen wir diese Gedanken noch fortsetzen. Bringt bitte eine alte oder neue Tageszeitung mit.

17. Beten ist das Atmen der Seele im Geiste Jesu

Auftanken = beten
loben
verzeihen
Oder die goldene Regel! ⟶ Diese Tankstelle verrate ich dir nicht.

Entdecke sie selber bei Mt 7,12

Mögliche Einstiege

1. Von den mitgebrachten Tageszeitungen wird die „Weltchronik“ oder die „Bunte Seite“ aufgeschlagen. Jeder liest sich diese Seite mit den meistens negativen Geschehnissen aus aller Welt durch. Wer möchte, liest ein Ereignis vor, das ihn besonders anrührt und spricht anschließend eine einfache Fürbitte dazu, z.B.: „Herr, ich bitte dich für die Kinder, die jetzt alleine in der Welt stehen: Laß sie verständnisvolle Menschen finden!“
2. Die Firmkatecheten (oder die Firmlinge) haben aus alten Kalendern eine Reihe von schönen (meditativen!) Fotos migebracht, die Blumen, Bäume, Berge, Menschen … zeigen. Die Firmlinge sehen sich alle Bilder an und wählen

sich eins aus. Schließlich sagt jeder von seinem Bild, was ihn darin angesprochen hat. Vielleicht schreibt auch jeder eine kleine Betrachtung oder ein Gebet dazu.

3. Die Gruppenleiter legen eine Reihe von Gebeten vor (Anhang A7). Welches der folgenden Gebete spricht dich am meisten an? – Kannst du auch sagen, warum?

Nachdem dieser Punkt abgeschlossen ist, sagt der Gruppenleiter: „Die Schwierigkeit, richtig zu beten, kann auch darin ihre Ursache haben, daß wir uns zu wenig Zeit dafür nehmen. Wichtig ist: Stillzonen dafür suchen!“

Radio ist gut,
Schallplatten sind Klasse,
Video ist in.
Aber du müßtest hin und wieder so tun,
als gäbe es das alles nicht.
Und du kämst zu dir selber.

Eine Geschichte kann das klarer machen:

Sich selber sehen

Zu einem einsamen Mönch kamen eines Tages Menschen.
Sie fragten ihn: „Was für einen Sinn siehst du in deinem Leben der Stille?“
Der Mönch war eben beschäftigt mit dem Schöpfen von Wasser aus einer tiefen Zisterne. Er sprach zu seinen Besuchern: „Schaut in die Zisterne! Was seht ihr?“
Die Leute blickten in die tiefe Zisterne.
„Wir sehen nichts.“
Nach einer kurzen Weile forderte der Einsiedler die Leute wieder auf: „Schaut in die Zisterne! Was seht ihr?“

Die Leute blickten wieder hinunter. „Ja, jetzt sehen wir uns selber!"
Der Mönch sprach:
„Schaut, als ich vorhin Wasser schöpfte, war das Wasser unruhig. Jetzt ist das Wasser ruhig.
Das ist die Erfahrung der Stille: Man sieht sich selber!"

Erklärung: Solange wir zu beschäftigt sind und unsere Seele nicht nachkommen kann = das unruhige Wasser, solange kommen wir nicht zu uns selbst, zur eigentlichen Mitte, zu Gott.

Meditation

Als mein Gebet immer andächtiger und innerlicher wurde,
da hatte ich immer weniger und weniger zu sagen.
Zuletzt wurde ich ganz still.
Ich wurde, was womöglich noch ein größerer Gegensatz zum Reden ist,
ich wurde ein Hörer.
Ich meinte zuerst, Beten sei Reden.
Ich lernte aber, daß Beten nicht bloß Schweigen ist, sondern Hören.
So ist es: Beten heißt nicht, sich selbst reden hören.
Beten heißt: Still werden und still sein und warten,
bis der Betende Gott hört. *(Sören Kierkegaard)*

Manchmal kann die Schwierigkeit mit dem Beten auch darin begründet sein, daß ich falsche Vorstellungen von meinem „Gegenüber" habe.
Hier kann auf die Texte des 16. Treffs im Schwimmbad zurückgegriffen werden: Gott umgibt uns von allen Seiten. Er ist überall für uns da: Helfer, Arzt, Vater, Tröster ... Das Beten wird oft mit dem Telefonieren verglichen. („Bet mal wieder!")

Zehn Paragraphen fürs Beten

Beim Beten sind folgende Regeln und Paragraphen zu beachten:

§ 1 Gott ist immer zu sprechen. Sein Apparat kennt kein Besetztzeichen. Sein Menschendienst geht rund um die Uhr.

§ 2 Wenn Du nichts hörst, bist Du sicher, die richtige Nummer gewählt zu haben? Oder nahmst Du vielleicht den Hörer nur ab?

§ 3 Gewöhne Dir nicht an, Gott nur über den Notruf anzuläuten.

§ 4 Dein automatischer Anrufbeantworter nützt bei ihm nichts.

§ 5 Wenn das Gespräch „nichts gebracht" hat, ließest Du Dein Gegenüber denn überhaupt zu Wort kommen?

§ 6 Wenn seine Sprache für Dich unverständlich war, bist Du sicher, noch die „Sprache des Herzens" zu verstehen?

§ 7 Er hält Dich für sehr wichtig: Als wenn Du sein einziger Auslandskorrespondent wärst!

§ 8 Telefoniere mit Gott nicht nur zu Zeiten des verbilligten Tarifs, also vornehmlich am Wochenende! Auch an Werktagen müßte regelmäßig ein kurzer Anruf möglich sein.

§ 9 Wußtest Du es noch nicht? Das Telefonieren mit Gott ist immer gebührenfrei.

§ 10 Wenn Du Zeit hattest, dies zu lesen (hören), hast Du auch Zeit, *jetzt* einen Augenblick mit ihm zu sprechen.

Der Gesprächspartner Jesus ist Freund und Bruder der Menschen, wie das Neue Testament zeigt.
Ab jetzt kann in *jedem* Firmvorbereitungstreff gebetet werden, wenn die Atmosphäre der Gruppe dies nicht schon früher zuließ.
Zum nächsten Treff die Fahrräder mitbringen!

18. Der Geist Gottes weht, wo er will

Wir schauen über unseren Kirchturm hinaus:
Wir besuchen mit dem Fahrrad die evangelische Nachbargemeinde – vielleicht ist ein Austausch mit Konfirmanden möglich. Denkbar ist auch der Besuch einer Moslemgemeinde oder der Heilsarmee oder der jüdischen Gemeinde; ein Gespräch mit einem Gastarbeiterpriester. Im weiteren Sinne ist auch möglich: Besuch eines Gefängnisses, des DRK, des Malteser-Hilfsdienstes, einer Sozialstation, eines Klosters, des Domes, der Nachbarpfarre (mit Kirchenführung durch den Ortspfarrer). Dann entfällt aber die folgende Geschichte unterwegs. Auf halbem Weg wird eine Pause gemacht. Wir hören zu:

Der Frosch im Brunnen

Ein Frosch lebte in einem Brunnen. Er hatte dort seit langer Zeit gelebt. Er war dort geboren und aufgewachsen und war immer noch ein kleiner und unbedeutender Frosch. Nun kam eines Tages ein anderer Frosch, der im Meer gelebt hatte, und fiel in den Brunnen.
„Woher kommst du?“ fragte der Frosch im Brunnen.
„Ich komme aus dem Meer“, sagte der andere Frosch.
„Das Meer, wie groß ist das? Ist es so groß wie mein Brunnen?“ fragte der Frosch im Brunnen, und er machte einen Satz von der einen Seite des Brunnens auf die andere.
„Mein Freund“, sagte der Frosch vom Meer, „wie kannst du das Meer mit deinem kleinen Brunnen vergleichen?“
Da machte der Frosch im Brunnen einen zweiten Sprung und fragte: „Ist dein Meer so groß?“ – „Was sagst du da für einen Unsinn und vergleichst das Meer mit deinem Brunnen!“ sagte der Frosch vom Meer.

„Nun denn", sagte der Brunnenfrosch, „nichts kann größer sein als mein Brunnen. Es kann nichts Größeres geben als dies. Dieser Kerl ist ein Lügner. Werft ihn hinaus!" *(Swami Vivekananda)*

Wir Menschen wissen wieder alles besser

Was will die Geschichte sagen? Ist Toleranz *immer* richtig (Jugendreligionen, Zeugen Jehovas ...)? Wir überlegen uns Fragen an unsere Gesprächspartner gleich, z. B.: Was trennt uns? Was haben wir gemeinsam? Wie weit ist die Oekumene (= Wiedervereinigung aller christlichen Kirchen)? (Eventuell dem Gesprächspartner die Fragen vorher übermitteln!)

19. Jesu Geist will die Versöhnung

Hinführung auf eine Beichte oder Bußandacht. Mögliche Einstiege:

1. Möglichkeit

Ein Rollenspiel „Sich versöhnen". Entweder selbst ausdenken oder: Spielt, wie es in folgender Situation weitergehen kann. – Gibt es auch einen Weg der Versöhnung?

„Es gab riesigen Krach. Natürlich, um 19 Uhr sollte ich schon zum Abendessen da sein, jetzt war es bereits 22 Uhr. Aber ich bin doch kein Kind mehr und kann auf mich selbst aufpassen. Sicher, der Zeitpunkt war ausgemacht, und sie warteten beim Essen auf mich. Trotzdem ... Jedenfalls bin ich einfach auf mein Zimmer gegangen und habe die Tür hinter mir zugeschlagen ..." *(Vgl. Freiburger Firmmappe)*

2. Möglichkeit

Zeichnet eine Bildergeschichte aus vier Bildern, wobei das letzte noch nicht gezeichnet wird. Ihr könnt Strichmännchen malen nach Comic-Art mit Ausrufen, Wortblasen etc. Thema: Streit mit dem Freund/der Freundin. Zeichne:

1. Bild: Wie und warum es zum Streit kam.
2. Bild: Die Auseinandersetzung auf ihrem Höhepunkt.
3. Bild: Wie der Streit ausging.
4. Bild: Nach dem gemeinsamen Gespräch.

(Vgl. Trierer Firmmappe)

3. Möglichkeit

Wir begehen heute die meisten Fehler durch Unterlassen des Guten. Ein paar Beispiele aus der Zeitung:

So oder **so?**

Im Frankfurter Abendgymnasium wagt sich die Direktorin kaum aus ihrem Büro heraus. Ein Gang durch das Schulgebäude gleicht einem Spießrutenlauf:

In der Schule X wurde ein älterer Lehrer, der sich nicht mehr wehren konnte, von der Klasse drangsaliert. Ein paar Mädchen fanden das feige – sie stellten sich

„Da kommt ja das Brechmittel", pflegen die Schüler sie zu begrüßen. Alltäglich, daß in dieser Schule Lehrer angepöbelt, mitunter sogar handgreiflich angegangen werden. In den vergangenen zwei Jahren hat die Polizei – nicht selten auch mit Wasserwerfern – 81mal eingreifen müssen. hinter diesen Lehrer und erreichten, daß der Terror gegen ihn aufhörte.

So oder so?

Köln. Auf der Rolltreppe vom U- zum Hauptbahnhof versuchten Jungen durch Ziehen der Notbremse die Rolltreppe stillzulegen. Ein Richter, der das sah, verhinderte das Ziehen der Notbremse. Die Jungen holten Verstärkung heran und drohten, den Richter zu verprügeln. Mehr als 100 Leute sahen die Situation des Richters, der vergeblich den Jungen klarzumachen versuchte, wieviele alte Leute beim Ausfall der Rolltreppe ihre Koffer mühsam über die Treppen nach oben schleppen müßten. Die Zuschauer drehten sich alle um – keiner kam dem angegriffenen Richter zu Hilfe.

Zwei Mädchen verhinderten einen Handtaschenraub durch zwei Jungen, die mit dem Moped einer alten Frau die Handtasche mit Geld und Ausweisen entrissen hatten. Die Mädchen notierten sich die Nummer des Mopeds. Der Polizei gelang es dadurch, die Diebe zu stellen und der Seniorin ihre Tasche wiederzugeben.

Könnt ihr Beispiele aus eurem Erfahrungsbereich beisteuern?

Was ich am tiefsten verabscheue, das ist die traurige Rolle des Zuschauers, der unbeteiligt tut oder ist. Man sollte nie zuschauen. Man soll immer Zeuge sein, mittun und Verantwortung tragen. Der Mensch ohne Verantwortung zählt nicht. *(Antoine de Saint-Exupéry)*

4. Möglichkeit
Lerne vom Skorpion dieses Gleichnis:
Wenn man einen Skorpion töten will, so bildet man einen Ring von Feuer um ihn herum. Wenn dann der Skorpion verzweifelt im Kreis herumläuft und keinen Ausweg findet, ersticht er sich selbst.
Und dies ist der Sinn des Gleichnisses: Wenn ich keinen Ausweg aus mir selbst heraus finde, gerate ich in den Kreis des Todes. *(Vgl. Trierer Firmmappe)*
Ich muß meine Fehler zugeben, meine Schatten überspringen wollen, wenn ich freier und gelöster werden will.

5. Möglichkeit
Eine große Collage wird erstellt: Ein Baum mit guten Früchten. Auf dem Boden liegen die schlechten. Beschriftet die guten und schlechten Früchte des Baumes (= des Menschen).

Nach einem dieser Einstiege in diese schwierige Problematik darf ruhig das Wort „Beichte" fallen, obwohl dieses Thema gewiß eine Hürde für die Gruppe ist. (Denn rund 80 % sind seit der Erstkommunion nicht mehr zur Beichte gegangen.) Wißt ihr noch etwas von der Beichte? Wie lange ist es her?
Vor diesem Gespräch sollten die Firmkatecheten mit dem Priester der Gemeinde abgestimmt haben, ob eine Beichte, ein Beichtgespräch, z. B. bei einem Spaziergang, oder eine Bußandacht – vielleicht als erste Station bei der folgenden Nachtwallfahrt – geplant werden kann. (Hinweis auf zentrale Beichtkirchen, Klöster etc.)

Eine Beichte oder ein Beichtgespräch kann wie die Versöhnung etwas sehr Befreiendes sein, das diese Jugendlichen erfahren sollten. Sich nach einem Streit versöhnen oder sich in der Beichte mit Gott und der Gemeinschaft versöhnen, ist doch gar nicht so lebensfremd, es liegt nur auf verschiedenen Ebenen!
Beispiel: Ich habe falsch gehandelt.
Gewissenserforschung: Wieweit trage ich Schuld? Warum tat ich es oder habe ich es unterlassen?

Reue:	Mein fehlerhaftes Verhalten tut mir leid.
Vorsatz:	Deshalb nehme ich mir vor, dieses oder jenes zu tun oder zu lassen – aus Liebe zu Jesus.
Bekenntnis:	Ich gebe mit Worten meine Schuld zu, daß ich ... (Beichte – zu Hause oder einem Priester als Vertreter der Gemeinschaft der Christen).
Lossprechung:	Durch Eltern, Lehrherrn ... (Priester: „So spreche ich dich los von deinen Sünden im Namen des Vaters und des Sohnes und des Heiligen Geistes.“)
Wiedergutmachung:	Den angerichteten Schaden mache ich wieder gut – soweit das geht.
Danken:	Dank kann aus erleichtertem Herzen kommen.

Hier kann der Gewissensspiegel im „Gotteslob“ kritisch gelesen werden: ab Nr. 61.

Folgende Geschichten (bitte auswählen) können noch eine Hilfe zum Gespräch sein:

Erlebnis des jungen Gandhi

Der indische Freiheitskämpfer Mahatma Gandhi, der im Jahre 1948 einem Attentat zum Opfer fiel, beging, als er 15 Jahre alt war, einen Diebstahl. Sein älterer Bruder hatte bei ihm Schulden gemacht, die er nicht begleichen konnte. Da schnitt ihm der junge Gandhi einfach ein Stück von einem goldenen Armband ab. Der Diebstahl erregte in der Familie offensichtlich Unruhe und traf besonders den Vater, dem der Junge große Hochachtung entgegenbrachte. Über die innere Auseinandersetzung mit seiner Tat schreibt Gandhi:

Aber das war mehr, als ich tragen konnte. Ich beschloß, nie wieder zu stehlen. Ich bereitete mich auch darauf vor, die Tat meinem Vater zu gestehen. Doch ich wagte nicht zu sprechen. Nicht daß ich gefürchtet hätte, mein Vater werde mich schlagen. Ich kann mich nicht erinnern, daß er je einen von uns geschlagen hätte. Was ich fürchtete, war, ihm Kummer machen zu müssen. Doch ich fühlte, es müsse riskiert werden; es konnte keine Klärung geben ohne klares Geständnis.

Schließlich beschloß ich, das Geständnis niederzuschreiben, es meinem Vater zu geben und ihn um Verzeihung zu bitten. Ich schrieb es auf einen Bogen Papier und überreichte es ihm selber. In dieser Niederschrift bekannte ich nicht nur meine Schuld, sondern erbat für mich angemessene Bestrafung und schloß mit der Aufforderung an ihn, nicht sich selbst für meinen Fehltritt zu strafen. Ich gelobte auch, hinfort nie mehr zu stehlen.

Ich zitterte, als ich dieses Geständnis meinem Vater aushändigte. Er litt damals an einer Fistel und war ans Bett gefesselt. Sein Bett war ein glattes Holzbrett. Ich händigte ihm die Niederschrift aus und setzte mich dem Brett gegenüber.

Er las sie durch. Tränen liefen über seine Wangen und benetzten das Papier. Einen Augenblick schloß er die Augen im Nachdenken, dann zerriß er die Notiz. Er hatte sich, um sie zu lesen, aufgerichtet. Nun legte er sich wieder hin. Auch ich weinte. Ich konnte meines Vaters Qual sehen. Wäre ich ein Maler, so könnte ich noch heute die ganze Szene malen. So lebhaft ist sie mir noch in Erinnerung.

Diese Tränen der Liebe reinigten mein Herz und tilgten meine Sünde. Nur wer solche Liebe erfahren hat, weiß, was sie ist. ... Ich hatte gedacht, er werde sich ärgern, schimpfen und sich vor die Stirn schlagen. Doch er war so wunderbar ruhig, und ich glaube, das war die Folge meines offenen Geständnisses. Ein offenes Geständnis in Verbindung mit dem Versprechen, die Sünde nicht zu wiederholen, ist, wenn es vor dem abgelegt wird, der das Recht hat, es zu erhalten, die reinste Form der Reue. Ich weiß, daß mein Geständnis meinem Vater das Gefühl völliger Sicherheit über mich gab und seine Zuneigung zu mir über alles Maß hinaus steigerte.

Sie verneigten sich

1945. Das KZ Dachau ist befreit. Die „Häftlinge" werden an ihren Wachmännern und Peinigern vorbeigeführt, die eine Tafel auf der Brust tragen. Wer für schuldig gehalten wird, gefoltert, schikaniert, getötet zu haben, auf dessen Tafel kann das Opfer einen Strich machen.
Die polnischen Priester treten näher und – gehen an den Schindern vorbei. Sie klagen niemanden an. Ja – sie verneigen sich vor jedem! So ist ein neuer Anfang möglich.

Der Vorschlag einer „Lebensbeichte" kann auch auf ein eventuell geplantes gemeinsames Wochenende verlegt werden.

20. Ein Leben lang unterwegs sein in der Kraft Jesu
Eine Nachtwallfahrt

Wallfahrten sind wieder bei Jung und Alt beliebt! – Hier sind vorher eine Menge organisatorischer Dinge in Zusammenarbeit mit den anderen Gruppen zu erledigen:

1. Welche Kirche oder Kapelle in einer Umgebung von etwa 10 km soll die Endstation sein (mit Messe am Wochenende)?
2. Ist ein gefahrloser Weg gesucht mit festgelegten Stationen dazwischen?
3. Wer übernimmt die Gestaltung der Stationen?
4. Die Eltern frühzeitig informieren: Sie sollen die Firmlinge mit ihren Autos abholen, aber an der Abschlußmesse um ... Uhr teilnehmen.
5. Die Jugendlichen sollen Musikinstrumente mitbringen.

Vorschläge für die einzelnen Stationen und den Abschlußgottesdienst:
Beim Abgang: Die Wanderung auf ein Ziel hin soll sagen: Wir sind nur „Gast auf Erden“, wir sind ein Leben lang unterwegs – bis unser Leben in Gott mündet.

Leg deine Hand in die Hand Gottes

In der Geschichte von einem chinesischen Christ heißt es: Ich sagte zu dem Engel, der am Ausgang stand: „Gib mir ein Licht, damit ich sicheren Fußes der Ungewißheit entgegengehen kann!“ Aber er antwortete: „Geh nur in die Dunkelheit und lege deine Hand in die Hand Gottes; das ist besser als ein Licht und sicherer als ein bekannter Weg!“

Wir sind also nicht allein unterwegs – nicht nur heute. So laßt uns gehen im Namen und an der Hand Gottes!

Der Mensch ist in der Hand Gottes wie eine Ähre:
Je voller sie ist, desto tiefer beugt sie sich.

1. Station

Sie sollte als kurzer Bußgottesdienst vom Priester gestaltet sein. Mögliche Stellen aus der Heiligen Schrift:

Röm 12,9.10.16–19.21 (Laßt euch nicht vom Bösen besiegen); Offb 21,1–7.27 (Wer ins neue Jerusalem darf); Lk 19,1–10 (Jesus im Haus des Zöllners Zachäus); oder: Joh 8,1–11 (Die Ehebrecherin); Lk 7,36–50 (Die Sünderin); oder Lk 15 (Verlorenes Schaf / Münze / Sohn); Mt 7,1–5 (Richtet nicht; Splitter – Balken); Joh 15,9–17 (Wie die Freunde Jesu sind).

2. Station

Ich darf nicht allein bei Gott ankommen:
Ich muß die anderen mitbringen! Das soll am Negativbeispiel folgende Legende klarmachen:

Das Zwiebelchen

Es lebte einmal eine alte Frau, die war sehr böse und starb. Diese Alte hatte in ihrem Leben keine einzige gute Tat vollbracht. Da kamen denn die Teufel, ergriffen sie und warfen sie in den Feuersee. Ihr Schutzengel aber stand da und dachte: „Kann ich mich denn keiner einzigen guten Tat von ihr erinnern, um sie Gott mitzuteilen?“ Da fiel ihm etwas ein, und er sagte zu Gott: „Sie hat einmal in ihrem Gemüsegärtchen ein Zwiebelchen herausgerissen und es einer Bettlerin geschenkt.“ Und Gott antwortete dem Schutzengel: „Dann nimm dieses Zwiebelchen und halte es ihr hin in den See, so daß sie es zu ergreifen vermag, und wenn du sie daran aus dem See herausziehen kannst, so möge sie ins Paradies eingehen; wenn aber das Pflänzchen abreißt, so soll sie bleiben, wo sie ist.“ Der Engel lief zur Frau und hielt ihr das Zwiebelchen hin: „Hier“, sagte er zu ihr, „faß an, wir wollen sehen, ob ich dich herausziehen kann!“ Und er begann vorsichtig zu ziehen – und hatte sie beinahe schon ganz herausgezogen, aber da bemerkten es die anderen Sünder im See, und wie sie das sahen, klammerten sie sich alle an sie, damit man auch sie mit ihr zusammen herauszöge. Aber die Frau war böse, sehr böse und stieß sie mit den Füßen zurück und schrie: „Nur mich allein soll man herausziehen und nicht euch, es ist mein Zwiebelchen und nicht eures." Wie sie aber das ausgesprochen hatte, riß das kleine Pflänzchen entzwei. Und die Frau fiel in den Feuersee zurück und brennt noch bis auf den heutigen Tag. Der Engel aber weinte und ging davon. *(Fjodor M. Dostojewski)*

Indem die Frau die anderen nicht mitnehmen will, beweist sie ihren tödlichen Egoismus.

Im Vorübergehen fragt mein Nachbar, wie es gehe. Er fragt nicht, weil er mitgehen will. Ich antworte, es geht; aber es geht nicht – so nicht! *(Rudolf Bohren)*

Man kann ohne Liebe: Holz hacken, Ziegel formen, Eisen schmieden. Aber man kann nicht: ohne Liebe mit Menschen umgehen. *(Leo Tolstoi)*

In den vierzig Jahren meiner Arbeit unter den Menschen ist es mir immer klarer geworden, daß die schwerste Krankheit, die ein menschliches Wesen überhaupt erfahren kann, die ist, unerwünscht zu sein. *(Mutter Teresa)*

Du aber liebe mich, auch wenn ich schmutzig bin. Denn wenn ich weiß gewaschen wäre, dann liebten mich ja alle. *(Dostojewski)*

3. Station:

Gott hilft dem, der sich bemüht.

Zwei Lastkutscher kamen mit vollgeladenen Karren einher. Die Wege waren verschlammt, und beide Karren fuhren sich fest. Einer der beiden Kutscher war fromm. Er fiel dort im Schlamm auf die Knie und begann, Gott darum zu bitten, er möge ihm helfen. Er betete, betete, betete ohne Unterlaß und betrachtete dabei den Himmel. Währenddessen fluchte der andere wütend, arbeitete aber. Er suchte sich Zweige, Blätter und Erde zusammen. Er schlug auf den Esel ein. Er schob den Karren. Er schimpfte, was das Zeug hielt. – Und da geschah das Wunder: Aus der Höhe steigt ein Engel demjenigen zu Hilfe, der geflucht hat. Der arme Mann wird ganz verwirrt und ruft aus: „Entschuldige, das muß ein Irrtum sein. Sicher gilt die Hilfe dem anderen." Aber der Engel sagte: „Nein, sie gilt dir. Gott hilft dem, der arbeitet." *(Dom Helder Camara, brasilian. Bischof)*

Nach entsprechenden Anregungen sollen die Geschichten bis zur nächsten Station beim Gehen zu zweit oder dritt besprochen werden. *Ein* Weg zwischen den Stationen sollte auch als Schweigemarsch versucht werden.

Weitere Geschichten zur Auswahl:

Fritz will Ihnen danken

Ich betrat zum erstenmal in meinem Leben um sechs Uhr morgens die Station 7. Der Stationsbruder Hollan schlug die Decke vom ersten Bett an der Tür zurück und sagte: „Sie können gleich damit anfangen, unseren Fritz zu baden!" Was ich erblickte, hätte mich beinahe zur Tür hinausgejagt; ein gänzlich verblödeter junger Mann von

20 Jahren, ein wundgelegenes Bündel von Haut und Knochen, dessen Knie dauernd im Krampf bis an die Achselhöhlen hinaufgezogen waren, wo sie mit Watte gegen weiteres Wundreiben umwickelt waren, ohne Fähigkeit, ein Wort zu sprechen, der gefüttert und von Kot gereinigt werden mußte – er lag in einem Torfbett, das eigens für diese unsauberen Kranken erfunden wurde. Kurz, ich sah zum ersten Male in meinem Leben diesen Nullpunkt menschlicher Existenz.
Als ich dieses entsetzliche Bündel nackt in die Arme gelegt bekam, um es im Badezimmer zu baden, hätte ich es beinahe auf die Erde geworfen. Als nach einer Viertelstunde das Unwesen gewickelt und verbunden unter der Decke lag, dachte ich: hier bleibst du keinen Tag! Dann aber geschah es, daß dieses schreckliche Bündel sich bewegte und einen Arm in die Höhe streckte. Erschrokken sah ich mich nach Bruder Hollan um: Was gibt es jetzt?
Bruder Hollan hatte bis jetzt meinen Umgang mit dem Kränksten der Station, vielleicht von ganz Bethel, nur still beobachtet und nichts gesagt, weil er dachte, ich müßte am besten alleine den Weg zu dem kranken Jungen finden. Aber jetzt mußte er doch nachhelfen. Noch heute höre ich den Ton seiner Stimme, in dem sich Mitleid mit mir und Staunen über so viel Unverstand verbanden: „Herr K., merken sie es noch nicht, Fritz will ihnen danken!“ Aber ich, ich hatte diesen Fritz gar nicht für einen Menschen gehalten.

(Friedrich von Bodelschwingh)

Disco – Treff

Ich sah sie neben Peter stehn
und mußte einfach zu ihr gehn.

Disco-Party war heute nacht,
und Peter hatte sie mitgebracht.
Ihr Kleid war rosa. Ich kam gleich in Fahrt.
Sie stand neben Peter und lächelte zart.
„Deine Freundin?“ fragt ich und glotzte sie an.
„Sei nicht albern! Nur meine Schwester, Mann!“
Ich ging sogleich ran und fühlt’ mich wie nie.
War es schon Liebe? War’s noch Sympathie?
Ich tanzte mit ihr. Ihr Name war Ruth.
Ich drückte sie leicht. Es war wirklich gut.
Ich fühlte mich glücklich. Der Tanz ging zu Ende.
Sie ließ mich nicht los. Sie hielt meine Hände.
Dann stand auch schon Peter neben ihr.
„War’s schön?“ fragt er Ruth. Dann sagt er zu mir:
„Sie wollte unbedingt heute mit.
Hast du bemerkt, daß sie nichts sieht?“
Ich stand wie erstarrt. Es war alles aus.
Ich stammelte, nickte .. und bracht’ nichts heraus.
Ich ging früh nach Hause, schon kurz nach acht.
Irgendwie hab’ ich was falsch gemacht ...

Abschlußgottesdienst

Mit den Eltern. Als Einstieg in die Predigt:

Der Adler auf dem Hühnerhof

Ein Landwirt fing einmal einen jungen Adler, der sich beim Sturz auf seine Beute im Dornengestrüpp verfangen hatte. Er steckte ihn einfach zu seinen Hühnern in den Stall. Nach einiger Zeit benahm sich der Adler wie ein Huhn und pickte ebenso wie die anderen die Körner vom Boden.

Eines Tages besuchte ein guter Freund, ein Tierforscher, den Landwirt. Er staunte nicht wenig, als er den Adler auf dem Hühnerhof sah.

„Das ist kein Adler mehr“, meinte der Landwirt, „der ist zum Huhn geworden!“ Doch der Freund entgegnete: „Ein Adler bleibt immer ein Adler! Sieh die mächtigen Schwingen! Auch sein Herz fühlt ganz anders als ein Huhn!“ Doch der Landwirt blieb bei seiner Meinung: „Der Adler hat sogar das Fliegen verlernt!“ Der Freund wollte es auf einen Versuch ankommen lassen. Er hob den Adler vom Boden und schwang ihn mit einem kräftigen Wurf in die Luft. Aber der Adler setzte sich sofort wieder auf den Boden und pickte weiter. Dann der zweite Versuch: Der Freund trug ihn auf das Dach des Hühnerstalls und warf ihn hoch. Der Adler schlug jetzt zwar einige Male mit den Flügeln, als er aber unten die Hühner picken sah, gesellte er sich wieder zum Federvieh.

Doch der Tierkenner gab nicht auf. Er sagte: „Ein Adler bleibt sein Leben lang ein Adler! Er stieg mit ihm auf einen Berg hinter dem Bauernhof, in eine andere Umgebung. Oben warf er den Adler wieder in die Lüfte und schrie ihm zu: „Los, mächtiger König der Vögel. Kehre in die Freiheit zurück!“ Vergebens. Die Flügelschläge waren zu schwach, um ihn über den Erdboden zu heben. Enttäuscht dachte der Mann nach. Da sah er die Sonne hoch am Himmel. „Das ist es!“ sagte er, nahm den Kopf des Adlers und ließ ihn geradewegs in die Sonne blicken. Und plötzlich stieß der Adler einen Schrei aus, sein ganzer Körper zitterte, und mit den mächtigen Schlägen seiner Schwingen hob er sich in die Lüfte – höher und höher – und kehrte nie wieder zurück.

(Nach einer Erzählung aus Afrika)

Es sind noch so viele, die in die „Sonne" Jesus schauen dürften!

Evangelium: Joh 7,37–39 (Wer durstig ist, komme zu mir ...!)

Fürbitten: Den Firmlingen und den Eltern wird die Möglichkeit gegeben, Fürbitten auf kleine Zettel zu schreiben. Sie bringen sie nach vorne und heften sie an einen großen Anker aus Pappe: Zeichen der Hoffnung für diese Welt.

Fürchte dich nicht, denn ich bin bei dir;
hab' keine Angst, denn ich bin dein Gott.
Ich helfe dir und mache dich stark,
ich halte dich mit meiner rettenden Hand.
(Jer 41,10)

21. Bausteine für einen Firmgottesdienst

Der Pfarrer sollte mit dem zuständigen Bischof die Liturgie der Firmfeier frühzeitig besprechen. Besonders soll abgesprochen werden, welche Teile die Firmlinge vorbereiten dürfen.
Im folgenden finden Sie zu einzelnen Teilen der hl. Messe Vorschläge, aus denen die Firmlinge auswählen können oder durch die sie auf eigene Ideen kommen. Beim Auswählen ist darauf zu achten, daß ein „roter Faden" erhalten bleibt.

Anschauliche Ideen

1. *Wirkungen des Sturmes.* Auf einem Tischlein vor dem Altar liegen welke Blätter, morsche, abgebrochene Äste und ein leergefegter Zweig. Dazu wird der „Windstärkentext" von W. Willms vorgelesen. Eine „Kostprobe":

1. Sprecher: Windstärke sieben: Ganze Bäume bewegen sich. Man kommt beim Gehen nicht gegen den Wind an.

2. Sprecher: Ja, der Geist Gottes wird unwiderstehlich stark. Dicke, alte deutsche Eichen in der Gemeinde geraten aus der Fassung, werden erschüttert in ihrer Unbeweglichkeit.

(Wilhelm Willms, aus der Luft gegriffen, Verlag Butzon & Bercker, Kevelaer 1976, S. 112f.)

2. *Viele Flammen ergeben ein loderndes Feuer.* Jeder Firmling malt eine etwa 20 cm große Flamme, auf die er ein kleines Bild von sich klebt. Diese Flammen werden im oder vor dem Gottesdienst auf einer großen Wand zu einem mächtigen Feuer zusammengeklebt. – Vielleicht erhält jeder Firmling als Andenken an diesen Gottesdienst eine Kerze, auf der ein Band mit folgender Aufschrift geklebt ist.: „Du bist das Licht der Welt!"

(Nach: Arbeitsblätter für die Firmvorbereitung, Würzburg.)

3. Ein großes Mobile = Gemeinschaft (oder eine aufgezeichnete Sportmannschaft) hängt im Chorraum. Auf den einzelnen Elementen können geeignete Symbole gezeichnet sein, z. B. Anker, Herz, Regenbogen, Friedenstaube. Dazu wird meditativ etwa folgender Text gesprochen:

1. Es ist schön anzusehen, wie sich die einzelnen Elemente gegenseitig im Gleichgewicht halten. Sich auspendeln und sich umspielen. – So harmonisch sollte eine Gemeinschaft wirken! (Stille)
2. Das Mobile ist an einem zentralen Punkt festgemacht; es wird von da getragen. – Eine Gemeinde muß sich immer um die Mitte „Jesus Christus" drehen. (Stille)
3. Alle Elemente sind miteinander verbunden. – Eine richtige Gemeinschaft leidet und freut sich mit den anderen. (Stille)
1. Wenn ein neues Element dazukommt, muß sich das ganze Gebilde neu einpendeln. – Jeder von uns muß bereit sein, auf ein neues Mitglied einzugehen und auch gegebenenfalls ein wenig seinen Stand zu verändern. (Stille)
2. Zwei kleinere Elemente werden von einem größeren gehalten. – Wer mehr Fähigkeiten hat, wer stärker im Glauben ist, muß auch mehr tragen. (Stille)
3. Manches Element ist damit beschäftigt, sich immer nur um sich selbst zu drehen; trotzdem tragen die anderen es mit. – Sie *sollten* es mittragen – trotz der falschen Haltung einzelner Mitglieder. (Stille) usw.

(Nach einer Idee bei Rudi Ott, Die Firmung, Kösel Verlag, München 1979. Ein ausformulierter Gottesdienst dazu steht in der Mappe „Gottesdienste mit Kindern und Jugendlichen", Verlag Bergmoser & Höller, Aachen, 9/1982.)

4. Unsichtbar – aber wirkungsvoll. Ein Luftballon wird aufgeblasen, die Luft wieder abgelassen, neu aufgeblasen, vielleicht sogar zum Platzen gebracht: Wo ist jetzt die Luft, die im Ballon war? Wir können sie nicht sehen und wissen doch, daß sie hier ist. – Ähnlich ist das mit Gottes Geist: Er ist unsichtbar, aber zu spüren, wo Menschen gut miteinander umgehen: trösten, vergeben, Zeit opfern, freundlich sind, verzichten ... Das sind die Früchte des Geistes.

Während der anschließenden Meditationsmusik kann ein großer, verzweigter, kahler Ast mit vorbereiteten Blättern aus grünem Karton zum Grünen und Blühen gebracht werden. (Verkürzt nach: Erhard Bauer, Jesu Geist will uns begeistern. Gottesdienste zur Vorbereitung auf die Firmung, Rel. Bildungsarbeit Stuttgart 1982, S. 22f.)

5. *Zünden.* Ein übergroßes Steichholz „wagt" sich immer näher an das Licht der Osterkerze ... bis es zündet. Wer nicht nahe genug herangeht, bei dem wird nichts entflammt. Ein zweites Streichholz wird „angesteckt": Der Funke springt über.

6. *Vertrauen erfahren:* Ein Jugendlicher läßt sich von einem Hocker nach rückwärts fallen – in die Hände einer Gruppe. Anschließend wird er mit verbundenen Augen durch das Chor und den Mittelgang geführt. Während leise meditative Musik gespielt wird, lesen Jugendliche erarbeitete Sätze zum Thema „Vertrauen" vor, z. B. Vertrauen kostet Überwindung; Vertrauen lohnt sich ...

(Nach Gunter Bee, in: „Praxis in der Gemeinde", Heft 2, Matthias-Grünewald-Verlag, Mainz 1979, S. 20f.)

7. *Wir sind oft blind:* Fünf Personen tragen schwarze Brillen, z. B. Jugendlicher, Mutter, Mädchen, Arbeiter ... und beklagen sich, welche Personen ihnen „zum Hals heraus hängen". Nach den Lesungen (Offb 3,14–20 und Mk 8,22–25: Heilung des Blinden) geht der Priester (als Jesus) zu den einzelnen Personen, nimmt ihnen die Brille ab und versucht, sie wieder „sehend" zu machen. Er sagt z. B. bei einer Frau mit Schürze: „Wie – du kannst deine Nachbarin nicht mehr sehen? Hast du

vergessen: Als du krank warst, hat sie auf deine Kinder aufgepaßt? Hat sie dir nicht schon frische Erdbeeren aus dem Garten mitgebracht? Versorgt sie im Sommer nicht die Blumen, wenn ihr verreist? Hast du nicht auch schon getratscht!?" Da konnte die Frau die Nachbarin wieder etwas sehen!

(Nach einer Idee bei W. Willms, aus der Luft gegriffen, Verlag Butzon & Bercker Kevelaer 1976, S. 31f.)

8. *Ungeist in der Welt.* Möglich ist dazu der Antischöpfungsbericht von Jörg Zink. Eine Leseprobe: „Am zweiten Tag starben die Fische in den Industriegewässern, die Vögel am Pulver aus der chemischen Fabrik, das den Raupen bestimmt war. Die Feldhasen starben an den Bleiwolken von der Straße, die Schoßhunde an der schönen roten Farbe der Wurst. Die Heringe verendeten am Öl auf dem Meer und an dem Müll auf dem Grunde des Ozeans. Der Müll war aktiv."

Auch als Tonbild im Impuls Studio München „Die letzten sieben Tage" oder ein ähnlicher Text von Schülern aus Altötting in Josef Wisdorf, Meine Firmung, Heft 2, „Da bekamen die Menschen Angst", z. B.: „Auf schwarzen Altären, die sie Straßen nannten, brachten sie ihm Menschenopfer dar: Hunderttausende Jahr für Jahr ..."

Solch ein negativer Text darf nur genommen werden, wenn mindestens ebenso eindrucksvolle Ansätze wirklicher Hoffnung im Gottesdienst auftauchen.

9. Die Firmlinge schreiben dem Bischof der Firmfeier einen Brief, den dieser persönlich beantwortet. In der Predigt kommt der Bischof auf diesen Briefwechsel zurück. (Dieser persönliche Bezug zum Bischof kann die Firmfeier spannend machen.)

10. Vom eigenen Taschengeld(!) kaufen die Firmbewerber Kerzen und einen schönen Kerzenhalter für jeden Firmfeierbesucher. Am Ende des Gottesdienstes, der auf „Licht" und „Feuer" und „Weitergeben" eingeht, verschenken die Gefirmten die Kerzen, die nach der Spendung des Firmsakramentes entzündet und so zum lichtvollen Abschluß werden.

Viele weitere Ideen in: W. Hoffsümmer, 133 Kinderpredigten, Mainz [4]1983, S. 66–71, und W. Hoffsümmer, 144 Zeichenpredigten, Mainz 1982, S. 82–88.

Eröffnung und Schuldbekenntnis

Der liturgische Ablauf der hl. Messe ist im „Gotteslob" unter Nr. 352 einzusehen.

Möglichkeiten:

1. Einige Jugendliche lesen vor, warum sie sich firmen lassen.
2. Jeder konnte am Eingang ein Versagen, eine Schuld auf einen Zettel schreiben und auf ein Kreuz (aus zwei großen Brettern) im Chor heften.
3. Firmlinge schleppen eine schwere Kette nach vorne. Sie bekennen Fehler, die hemmen und belasten können wie so eine Kette: „Unser Glaube war schwach. Unser Denken egoistisch ..." Ein anderer zeigt einen schweren Stein: „Laß unsere Herzen nicht manchmal so hart und kalt sein wie dieser Stein ..." Nach der „Vergebung" wird die Kette auf den Boden, der Stein auf den Altar gelegt.
   (Nach einem Bericht aus einer Pfarre in Bolivien.)
4. Eine Geschichte:

Gelebter Glaube

Ein Priester aus Haiti berichtet:
Sonntagsmesse auf einem Außenposten – jeder von uns kommt alle zwei bis sechs Monate an die Reihe. Die Leute freuen sich schon lange. Während des Bußaktes zu Beginn der Messe entdecken sie, daß im Dorfe Streit herrscht: Zwei Familien sind zerstritten. Traurig stellen sie fest, daß sie unter diesen Umständen nach den Worten Jesu „Laß deine Gabe vor dem Altar liegen,

wenn du noch Streit mit deinem Bruder hast, geh' und versöhne dich zuerst!" (Mt 5,23f) keine Eucharistie feiern können.
Da meldet sich einer: *Ich* habe Krach mit dem Nachbarn. Wo ist er? Der Nachbar ist nicht da.
Man betet, singt, rezitiert den Rosenkranz, bringt Fürbitten vor, bis der andere Mann gefunden ist und zur Versammlung stößt.
Hoffentlich machen sie Frieden, damit wir die Eucharistie feiern können! Die beiden sprechen sich vor der Gemeinde aus, versöhnen sich – und nehmen teil an der allgemeinen Freude: Jetzt haben wir beiseitegeschafft, was der Bruder gegen seinen Bruder hatte, jetzt können wir Gottesdienst feiern!

Mögliche Lesungen aus der Bibel

Gen 11,1–9 (Turmbau von Babel: Sprachenverwirrung) in Gegenüberstellung zu Apg 2,1–12: alle verstehen sich wieder. Auch szenisch spielbar.
Ez 36,26–28: Ich gebe euch ein neues Herz und einen neuen Geist.
Ez 37,1–14: Der Geist, der lebendig macht (Totenerweckung). *Vgl. dazu W. Willms, der geerdete Himmel, 10.6.*
Röm 8,22–27: Der Geist Gottes kommt uns in dieser leidenden Schöpfung zu Hilfe.
1 Kor 12,4–11: Verschiedene Gnadengaben – ein Geist.
Eph 4,29–32: Beleidigt nicht den Hl. Geist.
Gal 5,22–26: An den guten Früchten ist der Geist Gottes zu erkennen.
Mk 1,9–13: Taufe Jesu.
Lk 4,16–21: Der Geist des Herrn ruht auf mir.
Lk 10,29–37: Der barmherzige Samariter (Thema: Wir sind Werkzeuge Christi).
Joh 7,37–39: Wer durstig ist, komme zu mir.
Joh 9: Heilung des Blindgeborenen (in verteilten Rollen lesen!).
Joh 14,15–17; 15,26–27: Gottes Geist wird kommen.
Apg 2,1–36: (verkürzen) Gottes Geist kommt.
Apg 2,42–47: Leben der Urgemeinde.
Apg 8,14–17: Erste Firmungen.

Mögliche außerbiblische Texte

Wo der Ort der Gemeinde ist

Wo man Unrecht bekämpft,
ist der Ort der Gemeinde,
die sich nach Christus nennt.
Wie er soll sie sprechen
für Recht und zerbrechen
die Herrschaft der Klassen,
die Allmacht der Kassen,
den Dünkel der Rassen,
den Stumpfsinn der Massen.
  Wo Gerechtigkeit wird,
  hat das Elend ein Ende,
  da wird die Erde neu.

Wo man andere liebt,
ist der Ort der Gemeinde,
die sich nach Christus nennt.
Wie er soll sie teilen
ihr Leben und heilen
die Kranken und Krummen,
die Blinden und Stummen;
sie soll sich erbarmen
der Schwachen und Armen.
  Wo die Liebe geschieht,
  hat das Elend ein Ende,
  da wird die Erde neu.

Wo Versöhnung geschieht,
ist der Ort der Gemeinde,
die sich nach Christus nennt.
Wie er soll sie künden
Vergebung der Sünden,
inmitten von Waffen
soll Frieden sie schaffen,
versöhnen die Feinde
als seine Gemeinde.
  Wo der Friede entsteht,
  hat das Elend ein Ende,
  da wird die Erde neu.

(Lothar Zenetti)

Woran ich glaube

Ich kann nur sagen, was ich glaube.
Mein Glaube ist dieser:
Keine Rettung kommt mir von der Außenpolitik,
keine Rettung von der Sexualrevolution,
keine Rettung vom fetten Sozialprodukt,

keine Rettung von der nuklearen Abschreckung,
keine Rettung von den Gemeinderäten, Priestern,
Künstlern, Spenglern, Stadtplanern,
Sozialingenieuren,
vom Vatikan auch keine,
von Hitler auch keine
und Jeanne d'Arc auch keine
und keine von Engeln, Erzengeln,
Mächten und Gewalten.

Rettung kommt mir einzig von Jesus Christus.
(Daniel Berrigan)

Dieses „Glaubensbekenntnis", für Firmlinge so zu schwer, kann auf die Welt der Jugendlichen mit den Firmlingen „übersetzt" werden.

Es bleibt vieles zu tun

Wie ist es möglich, daß 1150 Millionen Christen diese Welt so wenig zu verändern vermögen, eine Welt des Terrors, der Unterdrückung, der Angst? – „In der Welt habt ihr Angst", hat Christus gesagt, „seid getrost, ich habe die Welt überwunden." Ich spüre, sehe und höre, merke so wenig davon, daß die Christen die Welt überwunden, von der Angst befreit hätten; von der Angst im Wirtschaftsdschungel, wo die Bestien lauern; von der Angst der Juden, der Angst der Neger, der Angst der Kinder, Kranken. Eine christliche Welt müßte eine Welt ohne Angst sein, und unsere Welt ist nicht christlich, solange die Angst nicht geringer wird, sondern wächst; nicht die Angst vor dem Tode, sondern die Angst vor dem Leben, vor den Mächten und Umständen, Angst vor dem Hunger und der Folter, Angst vor dem Krieg …

Und dennoch: Selbst die allerschlechteste christliche Welt würde ich der besten heidnischen vorziehen, weil es in einer christlichen Welt Raum gibt für die, denen keine heidnische Welt je Raum gab: für Krüppel und Kranke, Alte und Schwache, und mehr noch als Raum gab es für sie: Liebe für die, die der heidnischen wie der gottlosen Welt nutzlos erschienen und erscheinen ... Ich glaube an Christus, und ich glaube, daß 1150 Millionen Christen auf dieser Erde das Antlitz dieser Erde verändern könnten. Und ich empfehle es der Nachdenklichkeit und Vorstellungskraft der Zeitgenossen, sich eine Welt vorzustellen, auf der es Christus nicht gegeben hätte.

(Heinrich Böll)

So möchte ich werden

Regen kriegt ihn nicht unter,
Wind kriegt ihn nicht unter,
Schnee und Sommerhitze kriegen ihn nicht unter,
sein Leib ist gesund.
Gier kennt er nicht, nie braust er auf,
er ist immer ruhig und lächelt.
Tag für Tag ißt er billigen Reis
und Bohnenmus und ein bißchen Gemüse.
Ohne an das Seine zu denken,
sieht und hört und versteht er gut alle Dinge
und vergißt sie nicht.
Auf dem Feld, im Schatten des Kiefernwäldchens,
wohnt er in einer kleinen Schilfhütte.
Ist im Osten ein Kind krank,
geht er hin und schaut nach ihm.
Ist im Westen eine Mutter müde,
geht er hin und trägt die Reisgarbe.

Ist im Süden ein Mann im Sterben,
geht er hin und sagt: hab keine Angst.
Ist im Norden Streit und Rechthaberei,
sagt er: Lohnt sich's denn? Macht Schluß!
Herrscht Trockenheit, kommen ihm die Tränen.
Ist der Sommer kalt, geht er bedrückt dahin.
Alle sagen zu ihm: Du bist nicht ganz gescheit.
Loben tut ihn keiner.
Niemand kümmert sich um ihn.
So ein Mensch möchte ich werden.

(Miyazawa Kenji)

Ihr seid meine Hände

Antiphon: Wo die Güte und die Liebe wohnt, dort nur wohnt der Herr
(Kölner GL 861 oder GL 645,3).

Firmling: Christus hat keine Hände, nur unsere Hände, um seine Arbeit heute zu tun.

A: Wo die Güte ...

F: Christus hat keine Füße, nur unsere Füße, um die Menschen auf seinen Weg zu führen.

A: Wo die Güte ...

F: Christus hat keine Lippen, nur unsere Lippen, um Menschen von ihm zu erzählen.

A: Wo die Güte ..

F: Er hat keine Hilfe, nur unsere Hilfe, um Menschen an seine Seite zu bringen.

A: Wo die Güte ...

Gebet der Töpfer von Taizé

Herr, mache mich zu einer Schale, offen zum Nehmen, offen zum Geben, offen zum Geschenktwerden, offen zum Gestohlenwerden.

Herr, mache mich zu einer Schale für dich, aus der du etwas nimmst, in die du etwas hineinlegen kannst. Wirst du bei mir etwas finden, was du nehmen könntest? Bin ich wertvoll genug, so daß du in mich etwas hineinlegen wirst?
Herr, mache mich zu einer Schale für meine Mitmenschen, offen für die Liebe, für das Schöne, das sie verschenken wollen, offen für ihre Sorgen und Nöte, offen für ihre traurigen Blicke, die von mir etwas fordern.
Herr, mache mich zu einer Schale!

Siehe auch GL 29,6: Herr, mach' mich zu einem Werkzeug ... oder GL 8,2: Herr, laß' das Böse geringer werden ... Siehe auch unter den Gebeten im Anhang A7.

Fürbitten

Sie sollten von verschiedenen Personen gesprochen werden: Firmlinge, Vater, Mutter, Pate, Pfarrer, Firmkatechet, Pfarrgemeinderatsvertreter ...
Zwischen den Fürbitten kann nach der Melodie GL 248 – nur die erste Zeile – gesungen werden: So bitten wir den Heiligen Geist. Bitte auswählen und ändern:

Junge: Wir haben uns bemüht, uns auf diesen Tag vorzubereiten. Bei aller Ungewißheit vor der Zukunft bitten wir dich um die Kraft und die Gaben des Hl. Geistes.

Mädchen: Hilf allen Firmlingen bei uns hier und im Bistum ..., daß sie den Ernst und die Freude begreifen, dein Werkzeug in dieser Welt zu sein.

Vater: An unserem Firmtag damals haben wir uns auch vorgenommen, für das Evangelium Jesu Christi einzutreten. Du weißt, wie oft wir seitdem versagt haben. Laß uns jeden

	Tag von neuem anfangen, an einer bessern Welt mitzuarbeiten.
Pate:	Wir bitten dich für alle, die den Boden unter den Füßen verloren haben, für … Schenke auch Frieden den Ländern … Laß sie neuen Mut und helfende Menschen finden.
Mutter:	Wir bitten für alle Paten und Firmkatecheten, daß sie mit Gottes Hilfe Beispiel und Orientierung sind.
Pfarrgemeinderatsvertreter:	Laß junge und alte Menschen sich in den Kirchen wohlfühlen, damit der Funke auf alle überspringen kann.
Älterer Mensch:	Laß den Papst und die Bischöfe und alle, die dir besonders in der Kirche dienen, die Christen zur Einheit untereinander führen.
Ministrant:	Erleuchte alle mit *deiner* Weisheit, die in Presse, Funk und Fernsehen arbeiten, damit sie die Menschen zur Wahrheit und Gerechtigkeit führen.
Pfarrer:	Wir bitten dich für die ganze Gemeinde, daß sie nicht bequem und gleichgültig wird, sondern – begeistert und lebendig – andere anstecken kann.

Möglich ist auch das Sprechspiel in W. Hoffsümmer, 133 *Kinderpredigten,* Mainz [4]1983, S. 69f; dabei wird nach jeder Fürbitte eine brennende Kerze neben das Kreuz gestellt.
Friedensgruß: Er sollte von den Firmlingen durch die ganze Kirche gebracht werden.
Kommunion: Hier ist zu überlegen, ob die Firmlinge an diesem hohen Festtag nicht die Kommunion unter beiden Gestalten empfangen. Vielleicht sogar auch Eltern und Paten.

Lieder: Neben den entsprechenden Liedern im „Gotteslob" gibt es eine Reihe moderner geistlicher Lieder, die Begeisterung wecken können.

Ein Teil davon ist in diesem Büchlein abgedruckt und u. a. in den Liederbüchern „Miteinander“, Verlag Butzon & Bercker, Kevelaer, oder „Sagt es weiter“ (zu bestellen beim BDKJ Berlin, Witzlebenstr. 30, 1000 Berlin 19) zu finden.

22. Eine Quizstunde vor der Firmung

1. *Kärtchen mit Fragen* werden hingelegt, auf deren Rückseiten die Antworten stehen (Anhang A8).
2. Wer am schnellsten die *Bibel aufschlagen* kann.
Es werden noch einmal einige der bekannteren Stellen aus dem Firmunterricht aufgeschlagen und angelesen. Hier nur Stellen aus dem Neuen Testament: 1 Kor 12,4–11; Mk 1,9–13; Joh 7,37–39; Gal 5,22–26; Apg 2,42–47; Eph 4,29–32.
3. Trage die fehlenden *Erzbistümer* in die Landkarte ein (Anhang A9)!
4. *Ja- oder Nein-Spiel.* Zwei Stühle sind mit entsprechenden Zetteln gekennzeichnet. Wer die richtige Antwort weiß, rennt schnell zum „Ja"- oder „Nein"-Stuhl und setzt sich darauf.

Gab es bis jetzt mehr als 200 Päpste? (Ja)
Setzt sich der Priester zur Wandlung hin? (Nein)
Ist der Bischof an seiner Automarke zu erkennen? (Nein)
Liegt Paderborn südlicher als Köln? (Nein)
Liegt die Fastenzeit vor der Adventszeit? (Nein)
Sind die fünf Ringe ein Zeichen für den dreifaltigen Gott? (Nein)
Wird der Anker (= Symbol für Hoffnung) heute noch bei Schiffen benutzt? (Ja)

Selber Fragen suchen, auch mit höherem Schwierigkeitsgrad!
5. *Steckbrief-Spiel.* Ich lese euch einen Steckbrief vor. Sobald du die richtige Person erkannt hast, rufe den Namen laut in den Raum. Ich lese den Steckbrief aber zu Ende und sage nachher, wer die richtige Person zuerst geraten hat.
■ Steckbrief 1: Er ist nicht sehr alt geworden. Er hätte ein sehr luxuriöses Leben führen können. Der Vater warf ihn aus dem Haus. Er hatte ein besonderes Verhältnis zu Tieren. Er empfing die fünf Wunden Jesu an seinem Leib. Viele junge Männer gingen in den Orden, den er gründete – der auch heute noch

besteht. Er starb nackt auf dem bloßem Boden. Er ist heute der „Umwelt"-Heilige! (Franz von Assisi)

- Steckbrief 2: Eine Person aus der Zeit vor Jesus (AT): Er wurde nach seiner Geburt ausgesetzt. Als junger Mann tötete er einen Menschen. Er stotterte. Er durfte das Land nicht betreten, in das er ein Volk führte. Mit seinem Stab konnte er Wunderbares tun. Er gab seinem Volk Gottes Gebote. (Mose)

Spielt selbst das Steckbrief-Spiel!

6. *Korrekturspiel:* Der verdrehte Ablauf der hl. Messe (Anhang 10).

7. Andere *Quizspiele* sind denkbar: Christliche Symbole deuten (A3); Nachschlagewettbewerb im „Gotteslob".

Es kann zum Schluß noch die Nr. 52 im „Gotteslob" eingesehen werden: Der Ablauf der Spendung der Firmung.

23. Aus der Begeisterung für Jesus handeln

Nach dem Tag der Firmung.

Vorbereitung einer 3. Welt-Aktion

Lied: „Ihr seid das Salz der Erde"

2. Ihr fangt erst an zu leben, wenn euch zu Herzen geht das Unheil eures Bruders, der krank am Wege steht.

3. Wie lang noch zögern, zagen? Es bleibt euch nicht viel Zeit!
Ihr müßt mehr Liebe wagen, macht euer Herz bereit!

Hubert Janssen, Collata-Verlag Viersen, Aus der Ameländer Jugendmesse

Zuerst berichten die Firmlinge von den Eindrücken der Firmung...

Sie sind alle ohne Ton.
Der Atem bringt sie zum Klingen.
Der Atem Gottes möchte dich
zum Klingen bringen –
im Orchester der Welt.

Der Firmkatechet weist darauf hin: Jetzt müssen eigentlich erst recht die überzeugenden Taten folgen! Sollen wir nicht – zusammen mit den anderen Firmgruppen – eine große Aktion starten? Zur Auswahl:

1. Gestaltung eines Nachmittags im Seniorenclub mit Kuchenbacken, Servieren, Sketchen, Liedern ...
2. Wir machen ein Straßencafé, dessen Erlös für ein bestimmtes Projekt in der 3. Welt gedacht ist. (In fast jeder Pfarrei oder Nachbarpfarrei gibt es konkrete Projekte – damit eine Rückmeldung vom Projekt möglich ist.) Vielleicht werden auch noch Sachen gebastelt (z. B. Steinmännchen kleben) oder Lebensmittel aus dem 3. Welt-Handel verkauft.

Diese und eventuell weitere Treffs sind organisatorischen Fragen gewidmet. Zur Motivation kann eine der folgenden Geschichten dienen:

Die Feuerspeier

Benzin und scharfriechender Kleister werden auf einen Fetzen Stoff gegossen. Das Gemisch wird kräftig eingeatmet. Einmal, zweimal, dreimal. Bis jedes Empfindungsvermögen verschwindet. Dann einige Sekunden Wartezeit, bis die Verkehrsampel auf Rot springt. Schnell wird ein brennendes Zündholz an die Mundöffnung gehalten, das ausgespieene Feuer wird zu einer kleinen Fackel. Bei starkem Pusten gibt es einen richtigen Feuerstreif, der nach wenigen Augenblicken erlischt. Das Ganze beginnt von vorn. Danach ein rascher Spurt durch die Autoreihen, die linke Hand weit ausgestreckt, um einige Groschen zu ergattern.

Während die Ampel auf Grün umschaltet, wischt sich Eduardo mit einem eingefetteten Lappen über die geschwollenen Lippen, um die Schmerzen zu lindern. Er ist zwölf Jahre alt, ohne Vater, ohne festes Zuhause. Seine Mutter ist ambulante Händlerin. Eduardo leidet an chronischer Ruhr.

Pablo, neun Jahre alt, ist ein Kollege von Eduardo. Sein Vater, ein Hilfsarbeiter, der auf dem Bau Betoneimer schleppt, ist die meiste Zeit im Jahr arbeitslos. Und die meiste Zeit ist er betrunken, sagt Pablo. Die Mutter wäscht in einem Restaurant Geschirr ab. Sie hat einen Vertrag mit dem Lokalbesitzer, der alle 28 Tage erneuert wird. Das übliche Mittel, um sich vor der Sozialversicherung zu drücken. Pablo verließ die Schule, als sich seine Eltern trennten. Er zog mit seiner Mutter in die Nähe von Tepito, in den Norden der Hauptstadt. Ihr neuer Freund hatte mit ihm nichts Gutes vor: „Er war ein Riesenangeber. Jeden Tag gab es eine Tracht Prügel. Zuerst sollte ich Zeitungen verkaufen auf der Straße, aber das brachte nichts ein. Dann versuchte ich es mit Kaugummi. Auch das war nicht das richtige."

Durch Zufall kam Pablo mit Jungen von der Plaza Garibaldi zusammen. El Teco, wie sich ihr Anführer nannte, bot mir den flexus an. Von dem Kleister war ich gleich weg. Einfach dufte, wie du abhebst. Du spürst nichts mehr, keinen Hunger, du vergißt alles. – Wollte gleich dableiben und mit irgendetwas anfangen. Aber das ging nicht so ohne weiteres. El Teco sagte mir: „Ohne Eintrittsgeld läuft nichts. Die Plaza Garibaldi gehört zu unserem Bezirk, und auch wir müssen Kohlen an die Bullen abführen." Pablo hat es dann doch noch geschafft, als Feuerspeier anfangen zu können. Seitdem er von zu Hause wegging – vor vier Wochen – das gleiche Hemd, dieselbe Hose. Er ißt fast nichts, und wenn, dann nur tacos und tortas, Maisfladen, in die ein paar Fleischschnippel eingewickelt sind. Die zwanzig oder dreißig Pesos (2–3 DM), die er täglich einnimmt, gibt er lieber für Kleister oder Marihuana aus.

Wie er versuchen einige Hunderte von Mexikanern, sich als „Feuerspeier" kläglich den Lebensunterhalt zu verdienen.

Die große Mehrheit der Kinder sind Opfer polizeilicher Erpressung. Als Gegenleistung für ungehindertes „Arbeiten“ verlangt die Polizei, die nicht korrupter ist als andere Staatsbedienstete auch, bis zur Hälfte des Tageseinkommens dieser Minderjährigen. Die Höhe des Betrages richtet sich nach der Attraktivität der Zone. Schlimmer noch geht es den Feuerspeiern, die abends den vor Kinos und Theatern Schlange stehenden Besuchern ihre Künste vorführen. Zahlen sie nicht den von der Polizei geforderten Betrag, wandern sie als „Gewalttätige“, „obskure Elemente“ oder als „Taschendiebe“ hinter Gitter.

Dreh' dich doch mal um!

Wußtest du schon, daß in armen Ländern

- 7 – 11jährige Mädchen schwere Lehmbausteine schleppen, um Geld für die Familie zu verdienen?
- Kinder gezwungen werden, eine Starkstromleitung zu berühren, damit ein Arm abschmort? Denn als Verstümmelte haben sie mehr Erfolg beim Betteln.
- An belebten Kreuzungen Väter auf vorbeifahrende Busse springen und so ihre Kinder verlassen?

24. Was kommt jetzt nach der Firmung?

Nach dem *Tag der Aktion.*

Wenn das Leben der Gruppe über ein halbes Jahr einigermaßen günstig verlaufen ist, werden alle bedauern, daß diese kleine Gemeinschaft jetzt auseinanderfällt.

Vorgeschlagen werden kann ein monatlicher Firmtreff (mit einigen oder allen anderen Firmgruppen zusammen), bei dem Glaubensfragen besprochen oder gemeinsame Unternehmungen (Fahrradtouren etc.) geplant werden. Immer alles zusammen mit Firmkatecheten als erwachsenen Partnern und Begleitern, sonst brechen erfahrungsgemäß solche Treffs schnell zusammen. Auch in dieser Stunde kann eine „Aktion" sein: Wir schreiben unserem Pfarrer (oder ...) einen Brief (und üben so Mut ein): „Wenn ich an Ihrer Stelle wäre, würde ich ..." Die Briefe können anonym oder mit Namen gezeichnet dem Pfarrer gegeben werden. Vielleicht besucht er einmal die Gruppe „zum Schlagabtausch".

Lied: „Du, Herr, gabst uns Dein festes Wort"

2. Deinen Atem gabst Du uns jetzt schon als Unterpfand, denn als Kinder Deines Vaters sind wir anerkannt.
3. Nähr die Kirche, alle Glieder, stets mit Deiner Kraft, stärk uns täglich, immer wieder in der Jüngerschaft.
4. Immer wieder will ich singen: Gib uns Deinen Geist, der die Herzen, auch die trägen, mit der Freude speist.

Text: Hoffmann/Mausberg/Norres; Melodie: L. Schuhen (Spiritual)
Edition Werry, 4330 Mülheim a. d. Ruhr 13.

Zur Motivation, daß die Gruppe nicht auseinanderfällt und die dichten Eindrücke um die Firmfeier nicht gleich überwuchert werden, kann folgende Geschichte dienen:

Kihawi tötet

Ein afrikanischer Priester, der einige Monate in Deutschland war, schreibt nach seiner Rückkehr in die Heimat:

„Meine Lieben in der Ferne. Ich fühle mich gedrängt, euch zu erklären, was ‚Kihawi‘ bedeutet. ‚Kihawi‘ ist eine kleine Pfanze, die nur drei cm hoch wird und wie Gras aussieht. Sobald die Leute hier drei oder vier Jahre lang die Hauptnahrung Mais angebaut haben, ist diese Schmarotzerpflanze ‚Kihawi‘ plötzlich da und saugt die Nahrung aus den Wurzeln des Mais wie ein Moskito das Blut aus dem menschlichen Körper. Die Maispflanzen sterben ab. Die Leute sind gezwungen, sechs bis acht Monate ihre Häuser und Familien zu verlassen, um im Busch Mais anzupflanzen und diese Felder nachts vor Affen und Elefanten zu beschützen. Das alles wegen ‚Kihawi‘.

In einem anderen Sinn bringt ‚Kihawi‘ auch unsere Christen um. In der Überzahl wohnen hier Moslems. Von dieser Umgebung lassen sich die Christen beeinflussen. Oft sind von den zehn Kindern einer Familie drei katholisch, vier Moslems, eins gehört zu einer biblischen Sekte und zwei Kinder sind gar nichts. Oder junge Leute wollen wie die Moslems zusammenwohnen, ohne kirchlich verheiratet zu sein. Auch lassen sich Katholiken hier nach sehr alten heidnischen Bräuchen begraben. Jetzt könnt ihr euch vorstellen, wie schwierig es hier am Njassa-See ist, das Evangelium zu verkünden. ‚Kihawi‘ tötet uns in diesen heidnischen Bräuchen. Die Früchte des Glaubens werden kaum noch sichtbar!

Liebe Brüder und Schwestern! Als ich nach Deutschland kam, war ich betroffen zu sehen, daß ‚Kihawi‘ auch bei euch wächst. Vielleicht seid ihr jetzt überrascht. Im Osten ist ‚Kihawi‘ gewaltsam gepflanzt: es zerstört Kirchen und wischt das Wissen von Gott und dem zukünftigen Leben aus dem Sinn der Kinder. Aber im Westen wuchert ‚Kihawi‘ ebenso gefährlich. Ihr seid so

frei – und doch tötet es die Ältesten und die jungen Katholiken.
Eure Pfarre hat z.B. 5.000 Katholiken, aber nur 800 kommen zur Kirche und auch die nicht regelmäßig. Woher nehmen sie die Nahrung? Jesus hat doch gesagt: Die wichtigste Nahrung ist das Wort, das von Gott kommt. – ‚Kihawi' lähmt langsam den Menschen, der seine Seele nicht mehr mit dem Wort Gottes nährt.
Einige Kinder aus den Kölner Schulen haben mir gesagt: ‚Ihr Leute in Afrika betet fest, weil ihr arm seid. Ihr braucht die Hilfe Gottes. Wir in Europa haben alles, deshalb brauchen wir Gott nicht und gehen nicht in die Kirche.' Und ein 14jähriges Mädchen sagte mir: ‚Ich glaube an Gott und an das zukünftige Leben, aber ich weiß nichts von Jesus, und ich glaube nicht an ihn!' Ist Gott in Europa zur Polizei und zum Richter geworden, die man nur braucht, wenn Probleme auftauchen? Das ist eine falsche Vorstellung von Gott, den man anruft, wenn die Not groß ist. Das Königreich Gottes ist doch etwas Erfreuliches. Laufen die Kinder deshalb weg, weil die Ältesten unter euch sogar den Kleinen durch Gleichgültigkeit und Oberflächlichkeit Ärgernis geben?"

25. Eine Fahrradrallye als offizieller Abschluß

Natürlich auch zu Fuß und bei schlechtem Wetter in Räumen möglich. Die vielen organisatorischen Fragen vorher wieder abstimmen! Neben eingebauten Geschicklichkeitsaufgaben folgende Stationen (auswählen!):

1. *Einen fehlerhaften Bibeltext* verbessern (Anhang A11).
2. *An einem Baum hängt ein Spiegel.*

Jeder soll ganz nahe herangehen und hineinschauen: „Sieh genau hin! Geh' noch näher!" – Nachdem das jeder getan hat, stellen sich alle in einen Kreis und hören folgende Geschichte:

Der Tod der Kirche St. N.N.

Ein Pfarrer setzte folgende Anzeige in die Zeitung: „Mit dem Ausdruck tiefsten Bedauerns gebe ich den Tod der Kirche ... (den Namen der Ortskirche einfügen) bekannt. Die Trauerfeier ist Sonntag um 11 Uhr." Natürlich war die Kirche bis auf den letzten Platz besetzt. In seiner Predigt führte der Pfarrer aus: „Ich habe keine Hoffnung auf Wiederbelebung unserer Pfarre, will aber ein Letztes versuchen. Sie gehen bitte alle an diesem Sarg da vorbei und sehen sich den Toten an. Dann verlassen sie die Kirche durch das Nordportal. Sollten sie es sich anders überlegen, kommen sie durch die Tür im Osten wieder herein. Dann könnten wir gegebenenfalls einen Dankgottesdienst halten!"
Der Pfarrer trat an den Sarg und öffnete ihn. Alle fragten sich: Wer würde wohl in dem Sarg liegen? Und jeder, der die tote Kirche von St. ... sehen wollte und sich über den Sarg beugte, sah in einem Spiegel – sich selbst.

3. *Der große Preis* (nach der gleichnamigen Fernsehsendung)

Der Gruppe wird die Tabelle (Anhang A12) gezeigt. Sie kann

die Spalte und die Punktzahl wählen. Der Spielleiter liest die dazugehörigen Fragen vor. Außer einer (zwei?) Spalte sollen alle nacheinander gewählt werden.

Spalte 1: Sakramente

10 Punkte: Joker (10 Punkte dazu, ohne Frage)

20 Punkte: Wie heißt das Sakrament, das bei jeder schweren Krankheit gespendet werden kann?

30 Punkte: Nenne vier Sakramente!

40 Punkte: Welche zwei anderen Sakramente können wie die Firmung nur *einmal* im Leben empfangen werden?

50 Punkte: Nenne die Sakramente, die die evangelische Kirche auch kennt.

Spalte 2: Alles um die Firmung

10 Punkte: Nenne ein Symbol für den Heiligen Geist!

20 Punkte: Joker (20 Punkte dazu, ohne Frage)

30 Punkte: Nenne zwei Symbole für den Heiligen Geist!

40 Punkte: Es gibt sieben Gaben des Hl. Geistes: Nenne wenigstens drei!

50 Punkte: Wie heißt die Firmformel?

Spalte 3: Jesus Christus

10 Punkte: An welchem Ort wurde Jesus geboren?

20 Punkte: Welchem Jünger vertraute Jesus seine Kirche an?

30 Punkte: Joker (30 Punkte dazu, ohne Frage)

40 Punkte: Wem sagte Jesus: „Seht, ich bin bei euch alle Tage bis ans Ende der Welt!“?

50 Punkte: Warum (und von wem) wurde Jesus zum Tode verurteilt?

Spalte 4: Bücher der Bibel

10 Punkte: Was heißt die Abkürzung „1 Kor“?

20 Punkte: In welchem Teil der Bibel steht von Mose, David, Ezechiel geschrieben?

30 Punkte: In welchem Buch der Bibel wird das Pfingstereignis berichtet?

40 Punkte: Joker (40 Punkte dazu, ohne Frage)
50 Punkte: Wer schrieb die Apostelgeschichte (und das Lukasevangelium)?

Spalte 5: Pfarrgemeinde
10 Punkte: Wie alt ist unser Pfarrer? (oder ähnliches)
20 Punkte: Was weißt du über den Patron der Pfarrkirche?
30 Punkte: Welche Heilige sind außerdem in der Pfarrkirche zu sehen?
40 Punkte: Erkläre den Unterschied zwischen Kirchenvorstand und Pfarrgemeinderat!
50 Punkte: Joker (50 Punkte dazu, ohne Frage)

Lösungen
Spalte 1: 20 Punkte: Krankensalbung. 30 P.: ... 40 P.: Taufe, Priesterweihe. 50 P.: Taufe, Eucharistie (nicht „Ehe"!)
Spalte 2: Alles um die Firmung.
10 Punkte + 30 P.: Feuer, Sturm, Taube. 40 P.: Weisheit, Einsicht, Rat, Erkenntnis, Stärke, Frömmigkeit, Gottesfurcht.
50 P.: Sei besiegelt durch die Gabe Gottes, den Heiligen Geist!
Spalte 3: Jesus Christus
10 P.: Betlehem. 20 P.: Petrus. 40 P.: Den Jüngern bei seiner „Himmelfahrt". 50 P.: Aufruhr befürchtet. Jesus behauptet, der Sohn Gottes zu sein: Gotteslästerung für Juden. Pontius Pilatus nur hatte die Macht, das Todesurteil zu fällen.
Spalte 4: Bücher der Bibel
10 P.: Erster Korintherbrief (des hl. Paulus). 20 P.: Im Alten Testament. 30 P.: Apostelgeschichte. 50 P.: Lukas
Spalte 5: Pfarrgemeinde
40 P.: Der Kirchenvorstand (= KV) ist für die Finanzen zuständig, der Pfarrgemeinderat (= PGR) berät und hilft dem Pfarrer im Leben der Pfarrgemeinde.

4. *Eine Fahrradslalom-Staffel*

Die Strecke ist mit allerlei Hindernissen ausgelegt (mit Büchsen oder Flaschen etc.). Motto: Nimm im Leben die Hindernisse, wie sie kommen. (Ein nicht verkehrsgerechtes Fahrrad erhält zu Beginn schon 15 Sekunden Strafzeit.)

5. *Wir spielen „Kirchenvorstand“* (ähnlich: „Jugendausschuß“)

Die Gruppe setzt sich in einen Kreis. Folgender „Fall“ wird vorgelesen: 10.000 DM hat eine Pfarre geerbt. Sie kann über das Geld frei verfügen. Der Kirchenvorstand (= KV) berät über folgenden Vorschlag:

5.000 DM	in die 3. Welt
1.000 DM	für die Einrichtung eines Jugendraumes
2.000 DM	als Zuschuß für die Ferienerholungsmaßnahme der Pfarre
500 DM	für eine Kaffeemaschine des Seniorenclubs
2.000 DM	für soziale Notfälle in der Pfarre (oder die Sozialstation)
1.000 DM	für neue Liederhefte im Jugendgottesdienst
500 DM	für die Paketaktion nach Polen (oder ...)
12.000 DM	insgesamt!

Dieser Vorschlag liegt also um 2000 DM höher. Wo würdet ihr streichen, wo umändern?

Erst nach der Diskussion wird gesagt, daß diese Aufgabe nicht in die Wertung kommt.

6. *Detektivspiel*

Folgende Geschichte wird vorgelesen, wobei die Gruppe erraten soll, was geschmuggelt wurde.

Der Schmuggler

Jeden Tag ging Nasrudin mit seinem Esel über die Grenze, die Lastkörbe hoch mit Stroh beladen. Da er zugab, ein Schmuggler zu sein, durchsuchten ihn die Grenzwachen immer wieder. Sie machten Leibesvisitationen, siebten das Stroh durch, tauchten es in Wasser und verbrannten es sogar von Zeit zu Zeit. Nasrudin wurde unterdes sichtlich wohlhabender.

Schließlich setzte er sich zur Ruhe und zog in ein anderes Land. Dort traf ihn Jahre später einer der Zollbeamten.

„Jetzt könnt Ihr mir es ja verraten, Nasrudin", sagte er. „Was habt Ihr damals nur geschmuggelt, als wir Euch nie etwas nachweisen konnten?"
– Na, was wurde geschmuggelt? (15 Sek. Zeit) (Esel!)

7. *Die Pfarrpatrone der Nachbarpfarreien* eintragen.
Siehe Anhang A13.

8. *Gewissensfrage*
Die Gruppe stellt sich um einen Tisch mit genügend Stöcken für alle Gruppen. Der Firmkatechet sagt: „Werdet ganz still. – Hört auf die Stimmen, auf Vögel, Autos ... Einer von uns nimmt jetzt einen Stock. – Brich ihn! – Leg' ihn gebrochen zurück! Werdet wieder ganz still. – So wurde über Jesus der Stab gebrochen, als er zum Tode verurteilt wurde. –
Du hast eben den Stab über einen Menschen heute gebrochen. Denkt nach: Wer ist das bei mir? –
Nimm ein Stück des gebrochenen Stabes und brich ihn über dich selbst!"

Wenn die Gruppen einen Rundkurs fahren (also nach beiden Seiten unterwegs sind), sollte diese Station nicht am Anfang liegen. Diese Station ist ohne Wertung. Es kann aber noch ein Liederwettstreit erfolgen: Welche Gruppe singt ein Lied am „ansteckendsten"? Oder: Entfernungen schätzen (von einem bestimmten Punkt aus).

Zum Schluß das *Lied:* „Unser Leben sei ein Fest"

Text: J. Metternich, Team, Melodie: P. Janssens
aus: „Wir haben einen Traum", 1972

Der Elternabend

Dieser sollte, wenn er nur einmal stattfindet, etwa im ersten Drittel der Vorbereitungszeit durch ein persönliches Einladungsschreiben (vier Wochen vorher) angesetzt werden.
Die Eltern sollen an diesem Abend erwartet werden, sie sollen sich wohlfühlen. Vielleicht heften sich alle ein Namensschildchen an. Zu überlegen ist, ob die Firmlinge mitkommen sollen, jedenfalls sind die Firmkatecheten, ein Pfarrgemeinderatsmitglied (Firmung ist Sache der Pfarre!), eventuell auch die sonstigen Gruppenleiter der Pfarre eingeladen. – Wichtig ist, alle Aussagen zunächst gelten zu lassen und nicht gleich zu werten oder abzuwerten. Vor allem nicht auf Aggressionen reagieren. Wir sind nie alt genug, um hinzuzulernen!

Mögliche Einstiege

1. Ein Frage- oder Einreißbogen, z. B.: Was ist Ihnen bei dieser Firmvorbereitung besonders wichtig?: Der Kontakt zu Gleichaltrigen? Eine glaubwürdigere (kompetentere) Antwort auf kritische Fragen? Der Jugendliche soll als mündiger Christ jetzt lernen, Rede und Antwort zu stehen ...? Er soll zu gutem Verhalten angeleitet werden?
2. Was wissen Sie noch von Ihrer Firmung?
3. Die Eltern offen sprechen lassen über das schwierige Alter in der Reifungsphase, in der die Familie oft mittags nur noch „Tankstelle“ und abends „Garage“ ist.
4. Was haben Sie bisher über Ihre Kinder von unserer Firmvorbereitung gehört? – Überblick, Methoden und Ziele der Firmvorbereitung.
5. Ein Film zur Firmung wird gezeigt: „Mensch, ich mag dich!“ (29. Min.; 1982). Zu bestellen über Landes- und Diözesanbildstellen. Anschließend Diskussion.
6. Eventuell kann das Wort an die Eltern und Paten (s. S. 11) vorgelesen werden.

Anliegen des Elternabends

1. Informieren, was diese Art der Firmvorbereitung bezweckt *und* beinhaltet (aus dem Unterricht ein Beispiel von Menschen bringen, die sich Jesus als Vorbild genommen und an ihm ihr Leben ausgerichtet haben.)
2. Von der Bibel her aufzeigen, wie dieser Hl. Geist in der Urgemeinde zu spüren war: Sie waren „ein Herz und eine Seele“. Wie kann das in unserer Gemeinde wieder spürbarer werden?
3. Das Elternhaus ist auch jetzt noch äußerst wichtig: Woran kann der Jugendliche zu Hause noch erkennen, daß Ihnen das Christliche wichtig ist? Wird noch gebetet, hängen noch christliche Zeichen im Raum? Worum drehen sich die Gespräche?

4. Was geschieht nach der Firmung? ...
   Das Kind ermutigen, in der Pfarre weiter mitzumachen.
5. Es gibt auch gute Tonbilder für einen solchen Firmabend: „Die goldene Uhr“ (1974, farbig, 15 Min.), Steyl-Tonbild München (mehr als Gesprächseinstieg geeignet);
   „Tonbild Firmgruppe“ (1975, farbig, 25 Min.), unter Mitarbeit von Elmar Gruber entstanden. Impuls-studio München/Kösel Verlag, München.
   Oder Sie zeigen aus der Fernsehserie „Warum Christen glauben“ den Film „An einem klaren Tag“ oder „In guten und in bösen Tagen“.
6. Auf den Firmritus eingehen: Was bedeutet „Handauflegung“, „Salbung“?
7. Den Termin der Nachtwallfahrt einprägen! Ebenso den Firmtag.

Zum Abschluß sollte ein Gebet gesprochen werden (Anhang A7)

> Der Mensch verliert den Glauben nicht wie eine Brieftasche oder den Schlüsselbund.
> Er hört auf, das Leben zu formen nach Jesus Christus. Das ist es.
> *(G. Bernanos)*

> Die kleinen Taten verändern die Welt.
> Was der Sekundenzeiger leistet,
> macht den Wert der Stunde aus;
> und die Zahlen hinter dem Komma
> werden in der Endabrechnung nicht vergessen.
> *(R. O. Wiemer)*

Lieber Firmling!

Vielleicht sollte ein Bischof bei der Firmung sagen: „Du, N., ich brauche Dich!" Christus hat ja heute keine Hände mehr ..., wenn nicht unsere.
Du bist jetzt in die Erwachsenengemeinde voll eingegliedert: Gott und die Menschen hier möchten mit Dir rechnen. Wenn Du nicht sowieso schon in der Pfarre mitmachst, dann überlege, ob Du nicht bei der Aufgabenhilfe, im Pfarrbüro, bei der Zustellung des Pfarrbriefes, als Babysitter, im Briefkontakt mit Behinderten (wer weiß, was sonst noch alles bei Euch los ist) helfen kannst.
Zur Erinnerung an die Firmung trage hier ein:

Meine Gruppenleiter waren: ______________________________

____

Ich wurde am ______________ durch Bischof ______________ gefirmt.

Mein Pate, der „hinter mir stehen soll", ist

____

Zu meiner Firmgruppe gehörten:

____

____

____

Notiere hier noch einen Spruch, ein Gebet oder ein Lied, der bzw. das Dich sehr beeindruckt hat, oder klebe ein Foto von der Firmung ein:

Lieber Firmgruppenleiter!

Noch einmal ein herzliches Dankeschön für Ihr Engagement. Bei aller Mühe werden Sie sicher auch Erlebnisse gehabt haben, die Sie selbst nicht missen mögen. Können Sie weiter beim „Firmtreff" mitarbeiten oder sonstwie die entstandenen Beziehungen ausbauen? Wie stehen die anderen Firmbegleiter zu dem Vorschlag, etwa alle zwei Jahre einen „Firmerneuerungskurs" oder ein „Partnerschaftsseminar" für 18–20jährige durchzuführen?
Vielleicht möchten Sie jedem Firmling ein kleines Andenken mit auf den Weg geben. Hier eine kleine Auswahl:

Heinz Perne, Die Firmung, Text-Bildheft, Lahn-Verlag, Limburg.
Antennen, Texte zum Beten und Nachdenken, Bernward Verlag/ Verlag Butzon & Bercker 1972. Hildesheim/Kevelaler.
A. Pereira, Jugend mit Gott, Verlag Butzon & Bercker Kevelaer [5]1978.
J. Seuffert, Unter uns ist Gottes Geist, Matthias-Grünewald-Verlag, Mainz 1978.
Fritz Schmid, Firmung – Aufbruch ins Leben, Rex Verlag, Luzern/ Stuttgart 1981.
Phil Bosmans, Vergiß die Freude nicht, Herder Verlag, Freiburg.
Phil Bosmans, Blumen des Glücks mußt Du selbst pflanzen, Herder Verlag, Freiburg.
W. Hoffsümmer, Glaube trägt. Kleiner Katechismus für junge und erwachsene Christen, Matthias-Grünewald-Verlag, Mainz [3]1981.

Weiterbildung
Da dieses Topos-Bändchen kaum die Theologie für den Firmkatecheten leisten kann, sei noch verwiesen auf:

Ernst Werner/Klaus Tigges in der Reihe „Praxis Gemeindekatechese": Firmung in der Gemeinde, Kösel Verlag, München 1980.
Hubert Luthe (Hg.), Christusbegegnung in den Sakramenten, Verlag Butzon & Bercker, Kevelaer [2]1982.
S. Regli, Das Sakrament der Firmung = Feiern des Glaubens, Freiburg (Schweiz)/Mödling [4]1980.
Rudi Ott, Die Firmung. Ein Buch für Firmhelfer und Eltern, Kösel Verlag, München 1979.

Anhang

A1. Ordne die Symbole den entsprechenden Sakramenten zu!

Sakramente:	Symbole	Erklärung der Symbole
Taufe		lebendigmachendes Wasser
Firmung		Feuerflamme = der Heilige Geist
Eucharistie		Leib und Blut Christi
Buße		Beichtraum oder -Stuhl
Krankensalbung		Gefäß mit Krankenöl
Priesterweihe		Stola als Zeichen priesterlicher Vollmacht
Ehe		2 Ringe ineinander = ewige Treue

Bitte fotokopieren und die Namen der Sakramente sowie die Symbole ausschneiden und vermischen. (Ein Fotokopiergerät steht in jedem Pfarrbüro.)

A2. Suche aus diesen 15 Geboten die Zehn Gebote heraus

Alles ist erlaubt, wenn dein Tun nicht das Glück deines Nächsten beeinträchtigt!

Du sollst Gott und den Nächsten lieben!

4. Du sollst Vater und Mutter ehren!

7. Du sollst nicht stehlen!

Du sollst wenigstens einmal im Jahr deine Sünden beichten!

8. Du sollst kein falsches Zeugnis geben wider deinen Nächsten!

9. Du sollst nicht begehren deines Nächsten Frau!

5. Du sollst nicht töten!

Du sollst fleißig und hilfsbereit sein!

3. Gedenke, daß du den Sabbat heiligst!

2. Du sollst den Namen Gottes nicht verunehren!

Du darfst alles tun, dich nur nicht erwischen lassen!

1. Du sollst keine anderen Götter neben mir haben!

6. Du sollst nicht ehebrechen!

10. Du sollst nicht begehren deines Nächsten Hab und Gut!

Bitte fotokopieren und zerschneiden. Die Zehn Gebote erkennen Sie an den Zahlen.

A3. Wähle aus folgenden Symbolen aus

= göttl. Tugend der Hoffnung

= göttl. Tugend der Liebe

= Die ersten beiden Buchstaben des griech. Wortes für Christus

= alle sollen Christus angehören

= der dreifaltige Gott als Vater, Sohn und Heiliger Geist.

= Maria trägt Jesus

= Heiliger Geist

= hl. Eucharistie

A4. Kreuze in der folgenden Tabelle an, was nach deiner Meinung zutrifft

1. Jesus lebte

☐ vor ungefähr 1000 Jahren
☐ vor ungefähr 2000 Jahren
☐ er lebt immer noch

2. Jesus war

☐ ein Katholik
☐ ein Protestant
☐ ein Jude

3. Jesus war

☐ zornig
☐ mutig
☐ ehrgeizig
☐ freundlich
☐ streng
☐ mitleidsvoll
☐ intelligent
☐ kontaktfreudig

4. Zu Jesus paßt

☐ Schmerz
☐ Liebe
☐ Protest
☐ Anspruchslosigkeit
☐ Gewalt
☐ Vertrauen
☐ Verständnis
☐ Freude
☐ Reichtum
☐ Angst

5. Jesus würde sich *heute* aufhalten

☐ in Flüchtlingslagern
☐ an Wallfahrtsorten
☐ in Schulen
(als Religionslehrer)
☐ in Rom
☐ bei Demonstrationen
☐ in Elendsvierteln
☐ in Gefängnissen
☐ in Palästen
☐ in Discotheken

A5. Der Geist Gottes kommt

Erklärender Bericht nach Apg 2

L = Gruppenleiter J = Junge als Fragender M = Mädchen als Sprecher

L: Das Pfingstfest war gekommen. – Die Apostel und die Freunde Jesu waren alle an einem Ort in Jerusalem versammelt.
Sie hatten die Türen verschlossen.

1. J: Warum hatten sie die Türen verschlossen?

2. J: Hatten sie Angst?

L: Ja, sie hatten Angst vor den Juden. Sie dachten: Vielleicht töten sie auch uns, wie sie Jesus am Kreuz getötet haben. – Plötzlich entstand vom Himmel her ein Brausen – wie von einem gewaltigen Sturm. Das ganze Haus, in dem sie saßen, war voll davon. Und da erschienen Zungen wie von Feuer. Die verteilten sich auf alle; auf jeden einzelnen von ihnen.

1. J: War das ein richtiger Wind?

2. J: Waren das richtige Zungen?

3. J: War das richtiges Feuer?

L.: Nein – es waren die Zeichen des Heiligen Geistes. Denn als das alles geschah, da kam der Heilige Geist auf jeden von ihnen herab. Sie wurden voll des Heiligen Geistes.

1. J: Haben auch andere Leute etwas davon gemerkt?

L: Ja! – Fast ganz Jerusalem lief zusammen. Und alle staunten und wunderten sich sehr, denn alle konnten verstehen, was die Apostel sagten.

1. M: Ich stamme aus Mesopotamien.

2. M: Ich bin aus Armenien hierhergekommen.

3. M: Meine Heimat ist Ägypten.

4. M: Und meine ist Libyen.

1. M: Ich bin Römer.

2. M: Und ich bin Araber.

3. M: Ich kann alles verstehen, was diese Männer sagen – und dabei bin ich Ausländer.

4. M: Es ist wirklich sonderbar, auch ich höre genau, was sie sagen, und dabei habe ich nie ihre Sprache gelernt!

1. M: Ich verstehe sie auch!

2. M: Ich ebenfalls!

3. M: Das begreife ich nicht!

4. M: Wie mag das kommen?

1. M: Das ist eigentlich unmöglich!

2. M: Was soll das bedeuten? Was geht hier vor?

3. M: Ich glaube, die sind nicht mehr ganz nüchtern. Die sind betrunken – voll Wein! Seht ihr nicht, wie eigenartig sie sich benehmen?

L: Da trat Petrus vor die Leute hin und sprach: Hört, ihr alle! Wir sind nicht betrunken! Es ist ja erst neun Uhr am Morgen. – Nein! Gottes Geist ist ausgegossen über uns – wie ihr es alle seht und hört. Und auch euch wird dieser Geist geschenkt, wenn ihr an Jesus glaubt. Ihr kennt ihn alle, denn ihr habt ihn getötet. Aber er lebt! Er ist von den Toten auferstanden.

3. J: Was taten die Leute, als Petrus das sagte?
Viele hörten auf sein Wort. Sie glaubten – und ließen sich taufen. 3000 an einem Tag.

(Nach: H.O. Knackstedt, G. Koitz, M. Lorentz, Meßfeiern mit Kindern, Bernward/Butzon & Bercker 1980, S. 108ff) (evtl. fotokopieren und austeilen)

A6. Die Gemeinde Jesu – damals und heute

Versucht, die Tabelle zu vervollständigen:

Idealbild der Urgemeinde nach Apg 2, 42–47	Unsere Gemeinde	Bei uns zu Hause und in der Nachbarschaft
1. Sie feierten miteinander das Mahl des Herrn und beteten gemeinsam.	… (z. B. Sonntagsgottesdienst = Gemeinschaftserlebnis?)	… (z. B. gemeinsames Gebet noch in der Familie?)
2. Sie legten ihren Besitz zusammen, verkauften Grundstücke und Wertgegenstände und verteilten den Erlös unter Bedürftige.	… (Adveniat / Misereor / Brot für die Welt – ein wirkliches Teilen?)	… (spontane Hilfsbereitschaft, z. B. Pakete nach Polen? Nachbarschaftshilfe?)
3. Sie waren überall gern gesehen. Jeden Tag führte der Herr ihnen Menschen zu, die er retten wollte.	… (Beliebtheit der Christen? Kirchenaustritte – warum?)	Wo finge *mein* alternatives Leben an?

A7. Gebete, die dich ansprechen

Weißt Du, was Jesus aus Deinem Leben machen kann?
Er öffnet Dir die Augen, und Du erkennst, was keiner sieht.
Er tut Dir auf die Ohren, und Du verstehst, was er Dir sagt.
Er öffnet Dir die Lippen, und Du sprichst aus, was keiner wagt.
Er öffnet Dir die Hände, und Du verschenkst, was er Dir gibt.

(Lothar Zenetti)

Wenn ich allein und für mich bin,
fällt mir die Maske vom Gesicht.
Ich sitze da, und es kann sein,
daß ich anfange zu heulen –
vor Enttäuschung über mich selbst.
Wenn dann einer käme und sagte:
Ich mag dich trotzdem,
ich will dich so, wie du bist,
ich brauche dich –
dann bist du es wieder, mein Gott,
der kommt und mit mir redet.
Und du sagst:
Niemals lasse ich dich aus den Augen,
du bist immer in meinen Gedanken.
Ich danke dir, daß du mich im Blick behältst
und nicht von dir stößt, auch,
wenn ich noch so häßlich anzusehen bin
in meiner Verkehrtheit.
Ich danke dir, daß du mir die Chance gibst,
es noch einmal zu versuchen,
unter deinen Augen, unter deinem Schutz.
Denn das weiß ich:
Mit dir fängt das Leben überhaupt erst an.

(Christa Weiß)

Atme in mir, Du Heiliger Geist,
daß ich Heiliges denke!
Treibe mich, Du Heiliger Geist,
daß ich Heiliges tue!
Locke mich, Du Heiliger Geist,
daß ich Heiliges liebe!
Stärke mich, Du Heiliger Geist,
daß ich Heiliges hüte!
Hüte mich, Du Heiliger Geist,
daß ich es nimmermehr verliere!

(Augustinus)

Herr,
gib mir Gelassenheit,
Dinge hinzunehmen,
die ich nicht ändern kann,
Dinge zu ändern,
die ich ändern kann,
und die Weisheit,
das eine von dem anderen
zu unterscheiden.

Ich glaube an den Heiligen Geist.
Ich glaube, daß er meine Vorurteile abbauen wird.
Ich glaube, daß er meine Gewohnheiten ändern kann.
Ich glaube, daß er meine Gleichgültigkeit überwinden kann.
Ich glaube, daß er mir Phantasie zur Liebe geben kann.
Ich glaube, daß er mir Mut für das Gute geben kann.
Ich glaube, daß er meine Niedergeschlagenheit besiegen kann.
Ich glaube, daß er mir hilft, meine Schwächen zu ertragen.
Ich glaube, daß er mir die Arme stützt für meine Brüder.
Ich glaube, daß er mich verwandeln kann.

Herr, erwecke Deine Kirche und fange bei mir an.
Herr, baue Deine Gemeinde und fange bei mir an.
Herr, laß Frieden überall auf Erden kommen
und fange bei mir an.
Herr, bring Deine Liebe und Wahrheit zu allen Menschen
und fange bei mir an.

(Gebet eines chinesischen Christen)

Komm, Heiliger Geist, und hilf uns,
unseren Glauben zu verstehen.
Komm, Heiliger Geist, und hilf uns,
andere zum Glauben zu führen.
Komm, Heiliger Geist, und hilf uns,
Gott und die Menschen zu lieben.
Komm, Heiliger Geist, und hilf uns,
daß wir den Glauben tapfer bekennen.
Herr, wir bitten dich, gib uns
reinen Geist, damit wir dich sehen,
demütigen Geist, damit wir dich hören,
liebenden Geist, damit wir dir dienen,
gläubigen Geist, damit wir dich lieben.

(Dag Hammarskjöld)

Gott, seit Jahren zeige ich ein christliches Gesicht. Aber du, der auf dem Grund der Herzen liest, siehst, wie es damit steht. Du siehst, daß ich ein gesprungener Kochtopf bin, und weil der Riß da ist, fließt rasch alles wieder weg, was du mir gibst. Immer wieder bin ich leer. O Gott, wirst du diesen Riß wieder ausbessern? Ach nein! Ein gesprungener Kochtopf kann nicht geflickt werden.
Mach aus mir einen neuen Kochtopf, der durch das Feuer geht, bevor er dient.

(Aus Afrika)

Großer Geist! Bewahre mich davor, über einen Menschen zu urteilen, ehe ich eine Meile in *seinen* Mokassins gegangen bin!

(Gebet des Siouxindianers)

Ich möchte gerne Brücken bauen,
wo tiefe Gräben nur zu sehn.
Ich möchte hinter Zäune schauen
und über hohe Mauern gehen.
Ich möchte gerne Hände reichen,
wo harte Fäuste sich geballt.
Ich suche unablässig Zeichen
des Friedens zwischen jung und alt.
Ich möchte nicht zum Mond gelangen,
jedoch zu meines Feindes Tür.
Ich möchte keinen Streit anfangen;
ob Frieden wird, das liegt an mir.
Ich möchte gerne wieder reden,
wo vorher eisig Schweigen war.
Und Blicke sollen nicht mehr töten,
und Neid und Gier fehl' ganz und gar.
Herr, gib mir Mut zum Brückenbauen,
gib mir den Mut zum ersten Schritt.
Laß mich auf deine Brücken trauen,
und wenn ich gehe, geh du mit.

(Kurt Rommel)

Ich glaube an den Geist,
der mit Jesus Christus in die Welt gekommen ist,
an die Gemeinschaft aller Völker
und unsere Verantwortung für das,
was aus unserer Erde wird:
Ein Tal voll Jammer, Hunger und Gewalt –
oder die Stadt Gottes?

Herr, laß mich erkennen:
Wer morgen erst gut wird, ist heute noch böse.
Wer morgen erst Frieden macht, lebt heut' noch im Krieg.
Wer morgen erst satt macht, kann heut' nicht im Recht sein.
Wer morgen erst anfängt, zählt heute nicht mit.
Wer gestern ein Schuft war, kann heute sich ändern.
Wer gestern versagt hat, kann heute was tun.
Wer gestern geschwiegen, schreit heut' von den Dächern.
Wer gestern schon tot war, lebt heut' durch sein Wort.

Komm, o Geist der Heiligkeit!
Wasche, was beflecket ist!
Heile, was verwundet ist!
Tränke, was da dürre steht!
Löse, was verhärtet ist!
Wärme, was erkaltet ist!
Lenke, was da irre geht!

Komm, Heiliger Geist erfülle die Herzen deiner Gläubigen
und entzünde in ihnen das Feuer deiner Liebe.

Wir glauben, daß nur Gottes Heiliger Geist
die Ketten unserer Ichsucht sprengen kann
und daß nur er die Gemeinschaft unter Menschen
und mit anderen Völkern möglich macht.
Wir glauben, daß Gott aus allen Rassen
und jedem Volk seine Kirche baut,
eine Gemeinschaft von Menschen,
die er zu Kampf und Hingabe ruft:
als die Zeugen seines kommenden Reiches.

A8. Quiz vor der Firmung

	Kärtchen	*Lösung*
1.	An welchen vier Gegenständen erkennst Du einen Bischof?	Brustkreuz = weist auf Jesus hin Stab = erinnert an den guten Hirten Mitra + Ring = aus dem weltlichen Bereich übernommen
2.	Was ist das Wichtigste am Paten?	Das gute Beispiel und: „Daß er hinter mir steht“
3.	Was bedeuten bei der Firmung: Handauflegung? Besiegelung mit dem Kreuz? Salbung mit Chrisam?	Gott beschützt dich! Christus soll dich prägen! Ich erwähle und stärke dich!

1.–3.: vgl. dazu Stunde 15!

4.	Wieviel Tage liegt Pfingsten nach Ostern? (10 Sek. Zeit)	Pfingsten heißt übersetzt: „Der 50. Tag“

5.	Gibt es in der Bibel ein Gegenstück zu dem Bericht, daß plötzlich alle Völker einander verstehen können? (Apg 2,1–13)	Die Sprachen-verwirrung beim Turmbau von Babel (Gen 11,1–9)

Bitte fotokopieren, ausschneiden und zusammenkleben!

A9. Trage die fehlenden Bistümer (Erzbistümer) an der richtigen Stelle ein:
Köln, Berlin, Paderborn, Freiburg, Bamberg, München-Freising.

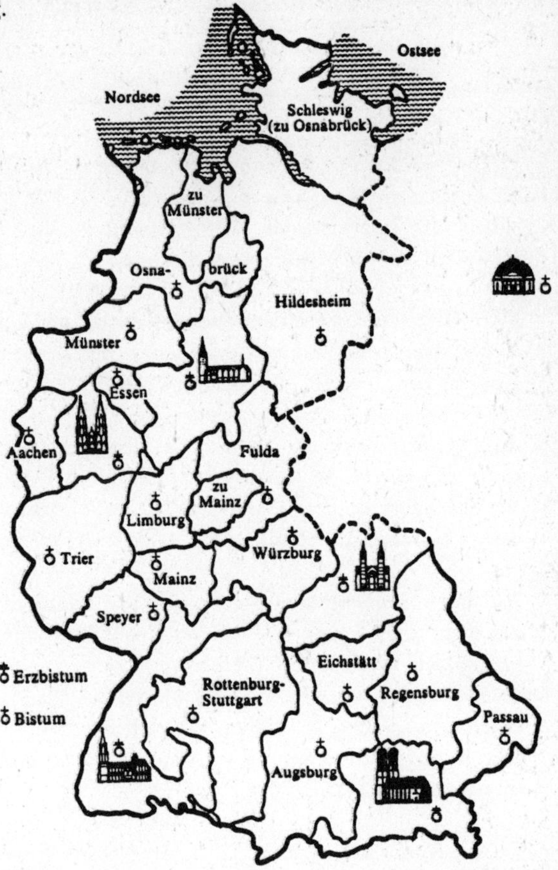

Zusatzfrage: Leben im Norden oder im Süden Deutschlands mehr Katholiken in der „Diaspora“ (= unter der Masse der anderen *zerstreut*)?

A10. Korrekturspiel: Der verdrehte Ablauf der hl. Messe:

Fotokopieren. Die Gruppe soll den Text zerschneiden und in die richtige Reihenfolge legen. Oder jeder einzelne! Wer schafft es in der kürzesten Zeit? (Die Zahlen bitte abschneiden.)

(4) Nach dem *Glaubensbekenntnis* folgen die *Fürbitten* für die Kirche, die Welt, unsere Gemeinschaft und für jeden einzelnen. Jetzt ist der *Wortgottesdienst,* der erste Hauptteil der hl. Messe, abgeschlossen.

(2) Nach dem *Gloria* und dem *Tagesgebet* tritt der Lektor an den Ambo und liest aus dem AT oder den Briefen der Apostel vor *(Lesung).* Dabei sitzen alle.

(6) Zum großen Dankgebet *(Präfation)* stehen alle auf, um sich dann zur hl. *Wandlung* der Gaben von Brot und Wein niederzuknien. Das Schellen der Ministranten deutet auf den Höhepunkt der Eucharistiefeier hin.

(1) Nach dem *Eingangslied* sprechen wir das „Herr, erbarme dich" oder bekennen, daß wir gesündigt haben in Gedanken, Worten und Werken *(Bußakt).*

(7) Nach dem *Hochgebet* stehen alle auf und beten oder singen das *Vaterunser.* Kurz danach tauschen wir manchmal den *Friedensgruß* aus.

(8) Zur hl. *Kommunion* ist jeder, der die Voraussetzungen mitbringt, eingeladen, den „Leib Christi" zu empfangen, um ganz eng mit ihm verbunden zu sein. – Danach werden der Kelch und die Schale(n) weggeräumt.

(5) Jetzt beginnt der 2. Hauptteil der hl. Messe, die *Eucharistiefeier:* Die Ministranten bringen Brot und Wein zum Altar. In den Bänken werden die Gaben der Leute (= Geld) eingesammelt. Der Priester hebt die Gaben der Erde, Brot und Wein, hoch: Gott soll sie in besonderer Weise zurücknehmen und verwandeln.

(9) Nach dem *Schlußgebet* und dem Schlußlied werden alle nach dem *Segen* mit „Gehet hin in Frieden" in die täglichen Aufgaben entlassen. Dieser Alltag soll die Fortsetzung der hl. Messe sein: Aus dem Geist Jesu leben!

(3) Alle stehen auf, wenn Christus durch den Priester im *Evangelium* zu uns spricht. Diesen Höhepunkt des *Wortgottesdienstes* heben die Ministranten oft durch Kerzen heraus. – In der Regel schließt sich am Wochenende dann die *Predigt* an, die das Evangelium erklärt oder auch zu einem Glaubensproblem Stellung nimmt.

(Vergleiche diesen Aufbau der hl. Messe mit dem „Gotteslob" Nr. 352!)

A11. Unterstreiche die Fehler in diesem Bibeltext und ergänze ihn!

In seiner revolutionärsten Rede, die Jesus je hielt, in der *Bergpredigt* (Mt 5–7), sagte er:

a) Verraten sind die Armen, denn sie haben nichts vorzuweisen.
b) Freuen dürfen sich die Trauernden, denn sie werden einmal getröstet werden.
c) Freuen dürfen sich, die keine Gewalt anwenden, denn sie werden das ....[1] besitzen.
d) Verraten sind, die hungern und dürsten nach der Gerechtigkeit, denn Macht geht vor Recht, und Geld regiert die Welt.
e) Ihr seid das Licht der Welt! Eine Stadt, die auf einem ....[2] liegt, kann nicht ....[3] bleiben.
f) Niemand kann zugleich zwei Herren dienen: Ihr könnt nicht Gott dienen und dem ....[4]
g) Warum siehst du den Balken im Auge deines Bruders, aber den Splitter in deinem Auge beachtest du nicht.
h) Die goldene Regel: Alles, was ihr von anderen erwartet, das ....![5]

[1]Land [2]Berge [3]verborgen [4]Mammon (Geld) [5]tut auch ihnen
Fehler: a,d,g (Splitter im Auge deines Bruders – Balken in deinem Auge)

A12. Der große Preis

Was wißt ihr über ...
und welchen Schwierigkeitsgrad wählt ihr?

Sakramente	Alles um die Firmung	Jesus Christus	Bücher der Bibel	Ortspfarre
10	10	10	10	10
20	20	20	20	20
30	30	30	30	30
40	40	40	40	40
50	50	50	50	50

In dieser Tabelle kann die erreichte Punktzahl der Gruppe oder des einzelnen eingetragen werden.

A13. Trage die Namen der Pfarrpatrone der Nachbar-Pfarreien ein:

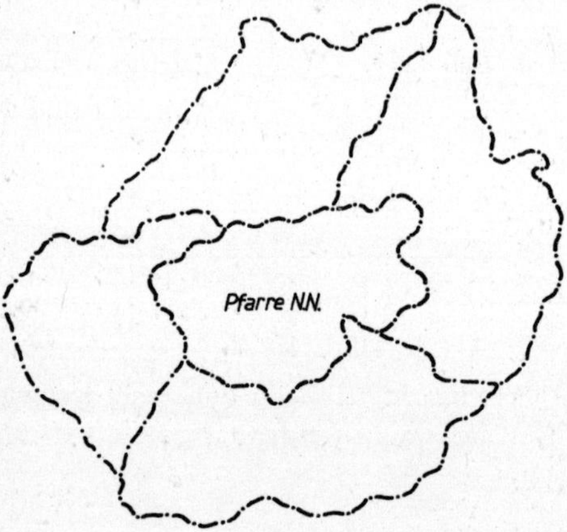

Merke: Mehrere Pfarreien zusammen ergeben ein Dekanat, dem der Dechant vorsteht (in der evangelischen Kirche: der Superintendent).
Die Summe der Dekanate in Stadt und Land ergibt ein „Bistum“ oder die „Diözese“.

Quellennachweis

Josef Reding, Ist die Firmung noch „in“ (Originaltitel: Das trag’ ich ein Leben lang ...); das letzte Drittel ist fortgelassen. Copyright by Josef Reding, Dortmund.

Fabel vom Seepferdchen, aus: Robert F. Mager, Lernziele und Unterricht. Verlag Julius Beltz, Weinheim und Basel, überarbeitete Neuausgabe 1977.

Die Bombe, stark gekürzt nach einer Geschichte von Helmut Ludwig, Copyright by Marianne Bölzle-Verlag, Dusslingen.

Er veränderte mein Leben (Gerd 18 Jahre), aus: Hermine König/Karl Heinz König/Karl Josef Klöckner, Dein Reich komme, Kösel Verlag, München ^{4}1981, S. 18.

Monika Kraft, Gleichberechtigung – ohne Gewalt: Martin Luther King, aus: Elisabeth Achtnich, Arbeitsmaterial für den Konfirmandenunterricht, Ringbuch 2, Burckhardthaus-Verlag GmbH, Gelnhausen/Berlin 1966.

Der Marsch der Fischer: Dom Helder Camara, Bischof in Südamerika, aus: Wie wir Menschen leben, Bd. 4. Ein Religionsbuch, Herder Verlag, Freiburg i. Br. 1974, S. 55.

... lieber Selbstmord begehen, aus: Miller/Quadflieg: Der neue Katechismusunterricht, Kösel Verlag, München 1971.

Lothar Zenetti, Ohne Kirche zu Jesus gehören?, aus: Lothar Zenetti, Die wunderbare Zeitvermehrung, Verlag J. Pfeiffer, München 1979, S. 159/160.

Abbé Pierre Lefévre, Christus ist auferstanden, aus: Abbé Pierre Lefévre (Hg.), Unser Glaube in Kurzgeschichten, Kath. Schriftenmission, Leutesdorf/Rh.; Rechte beim Autor.

Sich selber sehen, frei gestaltet nach Erhart Kästner, aus „Die Stundentrommel vom heiligen Berg Athos“, in: Fritz Schmid, Firmung – Aufbruch ins Leben, Rex Verlag, Luzern/Stuttgart 1981, S. 54.

Mahatma Gandhi, Erlebnis des jungen Gandhi, aus: M.K. Gandhi, Eine Autobiographie – oder Die Geschichte meiner Experimente mit der Wahrheit. Nach der englischen Übersetzung ins Deutsche übertragen von Fritz Kraus. Neu herausgegeben von Rolf Hinder, Verlag Hinder + Deelmann, Gladenbach (Hessen) 1977, S. 33–35.

Rolf Krenzer, Disco-Treff, aus: Rolf Krenzer, Kurze Geschichten, Band 2, S. 46f, Verlag Ernst Kaufmann/Kösel Verlag, Lahr/München 1981.

Gelebter Glaube, aus: MISEREOR-Werkmappe '82, Teil 3, «Predigtanregungen", Copyright 1982 MISEREOR-Vertriebsgesellschaft mbH, Aachen.

Lothar Zenetti, Wo der Ort die Gemeinde ist, aus: Lothar Zenetti, Texte der Zuversicht, J. Pfeiffer Verlag, München [5]1981.

Anton Leicht, Die Feuerspeier (Originaltitel: Mexiko – der Fortschritt vergißt die Kinder, aus: Misereor Arbeitsmappe zur BDKJ/Misereor-Jugendaktion, gefunden in „TRANSPARENT" Nr. 3/4 82, Zeitschrift für Verantwortliche der KJG im Erzbistum Köln.

Armut, aus: MISEREOR-Werkmappe '82, Teil 3 „Predigtanregungen", Copyright 1982, MISEREOR-Vertriebsgesellschaft mbH, Aachen.

Hubertus Halbfas, Der Schmuggler, aus: Hubertus Halbfas, Der Sprung in den Brunnen. Eine Gebetsschule, Patmos Verlag, Düsseldorf [2]1982, S. 103.

Der Geist Gottes kommt. Erklärender Bericht nach Apg 2, nach: H.O. Knackstedt / H.G. Koitz / M. Lorentz, Meßfeiern mit Kindern. Bernward Verlag / Butzon u. Bercker, Hildesheim / Kevelaer 1980, S. 108f.

Ich möchte gerne Brücken bauen, Text: Kurt Rommel; Mel.: Paul Bischof, aus: Neue geistliche Lieder, Gustav Bosse Verlag, Regensburg.

Karte der Bistümer Deutschlands, aus: Anton Hellmann, In Spiel und Quiz gelernt, Patmos Verlag, Düsseldorf 1981, S. 130.